北京古都历史文化名城

主编／段柄仁

北京老城区的胡同

王佳桓／编著

北京出版集团公司
北京出版社

图书在版编目（CIP）数据

北京老城区的胡同 / 王佳桓编著 . — 北京：北京出版社，2018.12

（京华通览 / 段柄仁主编）

ISBN 978-7-200-13850-4

Ⅰ. ①北… Ⅱ. ①王… Ⅲ. ①胡同—介绍—北京 Ⅳ. ①K921

中国版本图书馆CIP数据核字（2018）第017251号

出版人	曲　仲
策　划	安　东　于　虹
项目统筹	董拯民　孙　菁
责任编辑	董拯民　李更鑫
封面设计	田　晗
版式设计	云伊若水
责任印制	燕雨萌

"京华通览"丛书在出版过程中，使用了部分出版物及网站的图片资料，在此谨向有关资料的提供者致以衷心的感谢。因部分图片的作者难以联系，敬请本丛书所用图片的版权所有者与北京出版集团公司联系。

京华通览
北京老城区的胡同
BEIJING LAO CHENGQU DE HUTONG

王佳桓　编著

*

北京出版集团公司
北京出版社　出版

（北京北三环中路6号）
邮政编码：100120

网　址：www.bph.com.cn
北京出版集团公司总发行
新　华　书　店　经　销
天津画中画印刷有限公司印刷

*

880毫米×1230毫米　32开本　8.125印张　167千字
2018年12月第1版　2022年11月第3次印刷
ISBN 978-7-200-13850-4
定价：45.00元

如有印装质量问题，由本社负责调换
质量监督电话：010-58572393

《京华通览》编纂委员会

主　任　段柄仁
副主任　陈　玲　曲　仲
成　员　(按姓氏笔画排序)
　　　　于　虹　王来水　安　东　运子微
　　　　杨良志　张恒彬　周　浩　侯宏兴
主　编　段柄仁
副主编　谭烈飞

《京华通览》编辑部

主　任　安　东
副主任　于　虹　董拯民
成　员　(按姓氏笔画排序)
　　　　王　岩　白　珍　孙　菁　李更鑫
　　　　潘惠楼

序

PREFACE

擦亮北京"金名片"

段柄仁

  北京是中华民族的一张"金名片"。"金"在何处？可以用四句话描述：历史悠久、山河壮美、文化璀璨、地位独特。

  展开一点说，这个区域在 70 万年前就有远古人类生存聚集，是一处人类发祥之地。据考古发掘，在房山区周口店一带，出土远古居民的头盖骨，被定名为"北京人"。这个区域也是人类都市文明发育较早，影响广泛深远之地。据历史记载，早在 3000 年前，就形成了燕、蓟两个方国之都，之后又多次作为诸侯国都、割据势力之都；元代作为全国政治中心，修筑了雄伟壮丽、举世瞩目的元大都；明代以此为基础进行了改造重建，形成了今天北京城的大格局；清代仍以此为首都。北京作为大都会，其文明引领全国，影响世界，被国外专家称为"世界奇观""在地球表面上，人类最伟大的个体工程"。

北京人文的久远历史，生生不息的发展，与其山河壮美、宜生宜长的自然环境紧密相连。她坐落在华北大平原北缘，"左环沧海，右拥太行，南襟河济，北枕居庸""龙蟠虎踞，形势雄伟，南控江淮，北连朔漠"。是我国三大地理单元——华北大平原、东北大平原、内蒙古高原的交会之处，是南北通衢的纽带，东西连接的龙头，东北亚环渤海地区的中心。这块得天独厚的地域，不仅极具区位优势，而且环境宜人，气候温和，四季分明。在高山峻岭之下，有广阔的丘陵、缓坡和平川沃土，永定河、潮白河、拒马河、温榆河和蓟运河五大水系纵横交错，如血脉遍布大地，使其顺理成章地成为人类祖居、中华帝都、中华人民共和国首都。

这块风水宝地和久远的人文历史，催生并积聚了令人垂羡的灿烂文化。文物古迹星罗棋布，不少是人类文明的顶尖之作，已有1000余项被确定为文物保护单位。周口店遗址、明清皇宫、八达岭长城、天坛、颐和园、明清帝王陵和大运河被列入世界文化遗产名录，60余项被列为全国重点文物保护单位，220余项被列为市级文物保护单位，40片历史文化街区，加上环绕城市核心区的大运河文化带、长城文化带、西山永定河文化带和诸多的历史建筑、名镇名村、非物质文化遗产，以及数万种留存至今的历史典籍、志鉴档册、文物文化资料，《红楼梦》、"京剧"等文学艺术明珠，早已成为传承历史文明、启迪人们智慧、滋养人们心灵的瑰宝。

中华人民共和国成立后，北京发生了深刻的变化。作为国家首都的独特地位，使这座古老的城市，成为全国现代化建设的领头雁。新的《北京城市总体规划（2016年—2035年）》的制定和中共中央、国务院的批复，确定了北京是全国政治中心、文化中心、国际交往中心、科技创新中心的性质和建设国际一流的和谐宜居之都的目标，大大增加了这张"金名片"的含金量。

伴随国际局势的深刻变化，世界经济重心已逐步向亚太地区转移，而亚太地区发展最快的是东北亚的环渤海地区、这块地区的京津冀地区，而北京正是这个地区的核心，建设以北京为核心的世界级城市群，已被列入实现"两个一百年"奋斗目标、中国梦的国家战略。这就又把北京推向了中国特色社会主义新时代谱写现代化新征程壮丽篇章的引领示范地位，也预示了这块热土必将更加辉煌的前景。

北京这张"金名片"，如何精心保护，细心擦拭，全面展示其风貌，尽力挖掘其能量，使之永续发展，永放光彩并更加明亮？这是摆在北京人面前的一项历史性使命，一项应自觉承担且不可替代的职责，需要做整体性、多方面的努力。但保护、擦拭、展示、挖掘的前提是对它的全面认识，只有认识，才会珍惜，才能热爱，才可能尽心尽力、尽职尽责，创造性完成这项释能放光的事业。而解决认识问题，必须做大量的基础文化建设和知识普及工作。近些年北京市有关部门在这方面做了大量工作，先后出版了《北京通史》（10卷本）、《北京百科全书》（20卷本），各类志书近900种，以及多种年鉴、专著和资料汇编，等等，为擦亮北京这张"金名片"做了可贵的基础性贡献。但是这些著述，大多是服务于专业单位、党政领导部门和教学科研人员。如何使其承载的知识进一步普及化、大众化，出版面向更大范围的群众的读物，是当前急需弥补的弱项。为此我们启动了"京华通览"系列丛书的编写，采取简约、通俗、方便阅读的方法，从有关北京历史文化的大量书籍资料中，特别是卷帙浩繁的地方志书中，精选当前广大群众需要的知识，尽可能满足北京人以及关注北京的国内外朋友进一步了解北京的历史与现状、性质与功能、特点与亮点的需求，以达到"知北京、爱北京，合力共建美好北京"的目的。

这套丛书的内容紧紧围绕北京是全国的政治、文化、国际交往和科技创新四个中心，涵盖北京的自然环境、经济、政治、文化、社会等各方面的知识，但重点是北京的深厚灿烂的文化。突出安排了"历史文化名城""西山永定河文化带""大运河文化带""长城文化带"四个系列内容。资料大部分是取自新编北京志并进行压缩、修订、补充、改编。也有从已出版的北京历史文化读物中优选改编和针对一些重要内容弥补缺失而专门组织的创作。作品的作者大多是在北京志书编纂中捉刀实干的骨干人物和在北京史志领域著述颇丰的知名专家。尹钧科、谭烈飞、吴文涛、张宝章、郄志群、姚安、马建农、王之鸿等，都有作品奉献。从这个意义上说，这套丛书中，不少作品也可称"大家小书"。

总之，擦亮北京"金名片"，就是使蕴藏于文明古都丰富多彩的优秀历史文化活起来，使充满时代精神和首都特色的社会主义创新文化强起来，进一步展现其真善美，释放其精气神，提高其含金量。

2017 年 11 月

目录

CONTENTS

胡同的源起与演变	胡同源起 / 2
	胡同演变 / 10
胡同的构成	四合院 / 28
	宅门 / 32
	门墩 / 40
	影壁 / 41
	倒座房 / 42
	正房 / 43
	厢房 / 45
	庭院 / 45
	垂花门 / 46

廊 / 48

后罩房 / 48

院墙 / 52

附设物 / 52

上（下）马石 / 53

拴马桩 / 53

泰山石敢当 / 54

栅栏 / 55

牌楼 / 55

过街楼 / 59

污水沟 / 60

水窝子 / 61

厕所 / 62

胡同撷英

砖塔胡同 / 65

豆腐池胡同 / 66

国祥胡同 / 68

炒豆胡同 / 73

帽儿胡同 / 76

黑芝麻胡同 / 86

后圆恩寺胡同 / 90

秦老胡同 / 92

张自忠路 / 95

什锦花园胡同 / 102

黄米胡同 / 103

魏家胡同 / 107

箭杆胡同 / 112

丰富胡同 / 114

东堂子胡同 / 118

赵堂子胡同 / 121

东四六条 / 125

东交民巷 / 130

前公用胡同 / 132

宝产胡同 / 135

文华胡同 / 140

跨车胡同 / 142

宫门口二条 / 145

前海西街 / 149

米市胡同 / 153

金井胡同 / 158

达智桥胡同 / 161

胡同文化　胡同习俗 / 166

　　生活礼仪 / 166

　　休闲娱乐 / 169

　　儿童游戏 / 175

胡同货声 / 181

　　小吃类货声 / 181

　　果蔬类货声 / 193

　　糖果类货声 / 196

　　服饰类货声 / 197

　　日用品类货声 / 199

　　服务类货声 / 203

　　娱乐类货声 / 205

　　收换类货声 / 207

胡同艺文 / 208

　　胡同楹联 / 208

　　胡同歌谣 / 214

胡同的利用

胡同商市 / 222

　　街市 / 222

　　餐馆 / 233

　　酒肆 / 237

胡同旅游 / 239

参考书目 / 244

后　记 / 245

胡同的源起与演变

胡同,是城市中一种狭长的通道。它是由两排院落墙体、宅门或倒座房、后罩房的屋墙连成的两线建筑物构成的。在两排宅第之间,胡同形成了一条隔离空间带,便于宅院的通风、采光和居民出入。关于"胡同"的称源,有多种说法,最流行的一种为"胡同"源于蒙古语,即"水井"之意,或"有水井的地方"。

胡同源起

胡同（"同"字轻声，不儿化），是城市中一种狭长的通道。这通道的宽度，在元代为9米多，明清以后变窄了，但一般也在5米左右。通道两侧多为单层建筑物。明清以后，这种建筑物的基本形式是四合院。

关于"胡同"名称的来源，有多种说法：有蒙古语"浩特"（居民聚落）、"霍多"或"霍敦"（村落）音转之说，有"火疃"音转说，有"胡人大同"简称说。最流行的一种为："胡同"源于蒙古语，即"水井"之意，或"有水井的地方"。有学者认为，蒙古语"胡同"用汉语表述，有8种写法，最后在明代定型，简化的写法为"胡同"。其蒙古语音为"huddug"，原指水井，在蒙古语中还有"大街"之意。此外，蒙古语还有一词是"水井"，其读音类似汉语中的"巷"。在蒙古语中，"赛音忽洞"为"好井"，"乌克忽洞"为"死井"，"哈业忽洞"为"双井"。

最早见诸文字的"胡同"，出现在元杂剧中。关汉卿取材于三国故事的杂剧剧本《单刀会》中，有"杀出一条血衚衕来"之句。李好古的有神话色彩、表现男女爱情的杂剧剧本《沙门岛张生煮海》中有"你去兀那羊市角头砖塔衚衕总铺门前来寻我"之句。如今，位于北京西城区中部，东起西四南大街，西至太平桥大街（西段已拆除）有一砖塔胡同，其名以东口的"万松老人塔"得名（金元时期的名僧"万松老人"圆寂后葬于此）。砖塔胡同当是今北京内城最早的胡同的遗存。王实甫的杂剧《歌舞丽春堂》中也有关于胡同之句："排列着左军也那右军，恰便似锦衚衕。"而一位佚名作者在《孟母三移》中有这样一句对白："辞别了老母，俺串衚衕去来。"胡同有多种异称，如胡洞、火弄、火巷、火衖、火瞳、衖通、衖巷通等。这些不同的称呼，主要源于蒙古语、突厥语、维吾尔语、鄂温克语、女真语以及满语等。

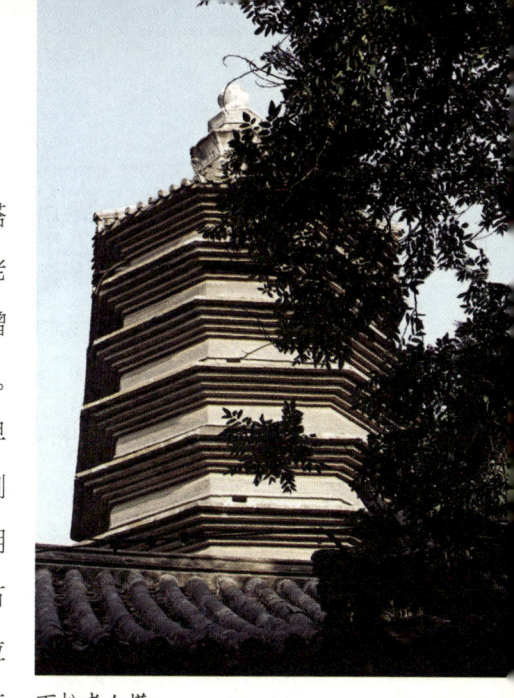

万松老人塔

辽代，南京（今北京）设26坊。金代辽，改南京为燕京，设60坊。元灭金，毁燕京城，又在其东北建大都城。元大都皇城之外由经、纬构成了居民区——坊。但大都的坊不同于辽、金乃至隋、唐时期的坊。昔日的坊，都建有坊墙、坊门；每个坊都自成单位，就像一座小城。大都的坊，不建坊墙，不再是一座小城，只是某一地段的名称。有学者认为，元大都坊不设墙与蒙古游牧民族的生活习性有关。在草原上，蒙古人没有设墙的习惯。大都的坊中，纵横排列着以东西向为主的小街，小街里有胡同。胡同由房屋、院落连接而成，是一排排宅第的间隔带，可成为防火通道，可方便居民出入,并成为小街和主干道的脉络。街巷胡同不仅用于行人,同时还是骡马、马车、水车、轿子的通道,也是商贩走街串巷沿途叫卖的通道和居民休闲、孩童们玩耍做游戏的场所。

"衖"字,在东汉和帝永元十二年(100)之前便已经出现,东汉许慎在其《说文解字》中称之为"通街也"。把"衚"与"衖"联系在一起,组合为一个词,产生于元代。《日下旧闻》记,"衚衖二字,元人有以入诗者"。徐灏在《说文解字注笺》中说:"今京师谓之衚衖,即衖之切音转为平声。""衚衖"一词的产生,公认在元代。元代的大都是在废毁金中都以后在中都东北部建立起来的。当时的蒙古人是统治民族,大都也是一座蒙古语和汉语等多种语言流行的城市。在蒙古语中,"水井"的发音与"胡同"之音非常相似。学者认为,在没有自来水的时代,在远离河流的城市居民区或街巷内开凿水井,是生活的必需。来自草原的蒙古人初进城时没有街巷的概念,也不一定有挖地凿井的概念和习惯。他们定居城中,受女真人、汉人的生活习俗以及汉语中街巷名称的影响,以"水井"代称街巷,或者将街巷与"水井"联系在一起,当是顺理成章的事情。在明清关于北京地名的著作中,也往往在街巷之下注出水井——有"井一""井二"之类,水井与街巷的密切关系可见一斑。

《析津志》中记录大都有三百八十四条火巷,二十九条衖巷通。"衖"字,也是古已有之。《说文解字》称:"里中之道曰巷⋯⋯《尔雅》作衖,引申之,凡狭而长者皆曰巷,《尔雅》'宫中衖谓之壶'。"火巷与衖巷通的区别,书中没有记载。从数量上看,火巷大约是衢巷通的13倍。依据中国古代典籍和蒙古语"水井"的语音,"胡同"的名称和含义很可能是汉语与蒙古语的结合物。有学者认为,在北京,最早的"胡同"应指带水井的小巷。

明代沈榜在《宛署杂记》中称:"宛平人呼经行往来之路曰街,曰道,或合呼曰街道。或以市廛为街,以村庄为道……其以衚衕名者凡三百一十二。衚衕本元人语,字中从胡、从同,盖取胡人大同之意。然二字皆从行,迨我朝龙兴,胡人北徙,同于荒服,亦其谶云。"该文即"胡同"为"胡人大同"之说,并称蒙古人北去以后,"胡同"分别加"行"。其字形虽变,但读音未改。

1965年,中国科学院考古所对大都的街巷进行重点勘探。经查,元大都时期的胡同宽度在9.3米左右,折合元代的六步。《析津志》记载,大街二十四步阔,小街十二步阔。元代一步五尺,当时的尺相当于今天的0.308米,一步为1.54米,二十四步折合为36.96米,十二步折合为18.48米。依此计,大街的宽度是小街的2倍,小街的宽度又近于胡同的2倍,呈现出明显的递减关系。城市干线,如齐化门(今朝阳门)内的道路,其宽度是七十步,相当于现在的107.8米。

据有关专家考证,今东四、西四、南锣鼓巷一带是大都胡同的遗存,但是如今胡同的宽度基本不是那时的状况了。这些胡同中,以东四一带的胡同最宽。从头条到十二条,它们的宽度依次是:头条,5米;二条,8米;三条,8米;四条,7米;五条,7米;六条,9米;七条,9米;八条,8米;九条,7米;十条,29米;十一条,8米;十二条,7米。最宽的是十条,29米;其次是六条、七条,各宽9米,基本保持了元代的宽度;最窄的是头条,只有5米。十条是20世纪50年代新开辟的,头条则是明以后出现的胡同。剩下十条胡同的平均宽度大约在7.8米。这个应该是明清时期的宽度遗存。这就说明,元以后胡同的宽度大大缩减了。由于人口的膨胀,明清两朝的胡同普遍变得狭窄;尤其是外城,这一现象更为明显,出现了许多以窄著称的胡同,如崇文区(今东城区)的高筱胡同、宣武区(今西城区)的小喇叭胡同、西城区的耳朵眼胡同等,其中最窄的是珠宝市街西侧的钱市胡同,在这条胡同的狭窄之处,一个人走过的时候,另一个人只能躲进院落的门洞里面。

明嘉靖三十九年(1560)张爵的《京师五城坊巷衚衕集》与万历二十一年(1593)沈榜的《宛署杂记》里,"衖通"则写为"衚衕"。崇祯初年,一位叫释新仁的僧人根据万历十七年(1589)的刊本重刻了一部叫《四声篇海》的辞书,其中收有"衚衕"一词,并称:"衚衕,街也。""上胡下同,今呼通街衚衕。今增。"衚衕,今天写作"胡同",释新仁特意标明"今增",说明胡同在当时还算是新词。

明代,在"胡同"逐渐多起来的同时,"条"也开始出现在"胡同"中。"条"与"胡同"的结合,是"条"的后面缀以"胡同",而且不置定语。如今天的东四头条,在明代叫"头条胡同"。前门西侧的廊房二条、廊房三条,在明代叫"二条胡同""三条胡同"。明代以"条"为名的胡同,最多之处是崇文门外的正东坊,那里有羊房草厂一、二、三、四、五、六、七、八、九、十条胡同。如今这些胡同还在,名为草厂一、二、三、四、五、六、七、八、九、十条。当今，以"条"为名的胡同最多的地方是东四以北，从"东四头条"到"东四十四条"，总共有14条以"东四"为冠的胡同。这些带"条"的胡同，在明代有27条。

明以后，"胡同"作为北京街巷的特殊名称开始大量出现。张爵的《京师五城坊巷衚衕集》记载了1170条街巷，其中有459条胡同，约占总数的39%。沈榜的《宛署杂记》只收录了当时北京西部的316条街巷，其中有188条胡同，约占总数的59%。清末朱一新的《京师坊巷志稿》中，共有2077条街巷，其中直称胡同的有978条，约占总数的47%。这时候，"胡同"已经成为北京街巷的代名词。

由于北京的四合院大多为坐北朝南，宅院的正门也朝南，所以北京内城的胡同多数为东西走向，呈现横平竖直的"棋盘式"形态。明清时期，特别是清代，由于缺乏严格的城市规划及人口膨胀、家宅迁移、住宅的进深没有统一规定、摊商挤占街路等原因，北京的内外城出现了许多窄小的胡同。其中，有的胡同宽4至6米，有的胡同只有2米，最窄的胡同甚至不足1米。由于宅院进深的不同，也产生了许多弯曲的胡同，如"九道弯胡同""大秤钩胡同"。还出现了一些只有一个出入口的"死胡同"，如"口袋胡同"。斜街也多出现在外城，如"樱桃斜街""铁树斜街"等。

民国以后，北京的街巷继续增加，根据1931年出版的陈宗蕃的《燕都丛考》记载，其时的北京总共有2623条大街小巷，其中有959条胡同，约占总数的37%。相比于朱一新的《京师坊巷志稿》，街巷总数增加了546条，直称胡同的减少了19条。

这时候,"里"开始加入街巷胡同的称谓中,如"大安里""大森里"等。日本人多田贞一在《北京地名志》中记,1944年的北京有3300条街巷胡同,其中以"里"为名的有数十处。这些"里"大多是不通的小巷,小巷两侧筑屋,在小巷的入口构筑西式门洞,门洞起券,券上砌女墙。中华人民共和国成立以后,在北京老城内外建设了许多新的居民小区,同样用"里"命名,但这已与民国时期的"里"迥然不同,因为它已不再是小巷,而是大面积的居民楼区了。

到了1949年前后,北京的街巷数量达到高峰。根据复兴舆地社1951年印行的《北京街道地名录》,其时北京有3216条街巷,其中有1039条胡同,约占总数的32%。据中国展望出版社1982年出版的《古今北京》载:"北京城区的胡同约有4550多条。"1990年张清常所写的《再说胡同》则认为,在1980年,北京的街巷胡同总数为6029条,其中胡同为1320条。1986年由北京燕山出版社出版的《实用北京街巷指南》记,北京四城区的街巷胡同为3665条。

在改革开放的大潮中,经济繁荣,社会发展,人口增加,随之而来的是高楼大厦的兴建和旧城区的改造。城市扩大了,昔日的城四区已扩大为"城六区"——东城区、西城区、朝阳区、海淀区、丰台区、石景山区。由于空间、采光等需要,现代住宅必须向空中发展,楼与楼之间也必须留有间距;楼与楼的不连接和各自的独立性,使得楼房或楼群已不能形成连成一体的街巷和胡同。这样,昔时的那个由坊向胡同转变的历史潮流开始发生逆转——许多街巷胡同消失了,反而转化为楼房林立的"街区"和"社区";一些建起了围墙的社区,形成了现代的"坊"。

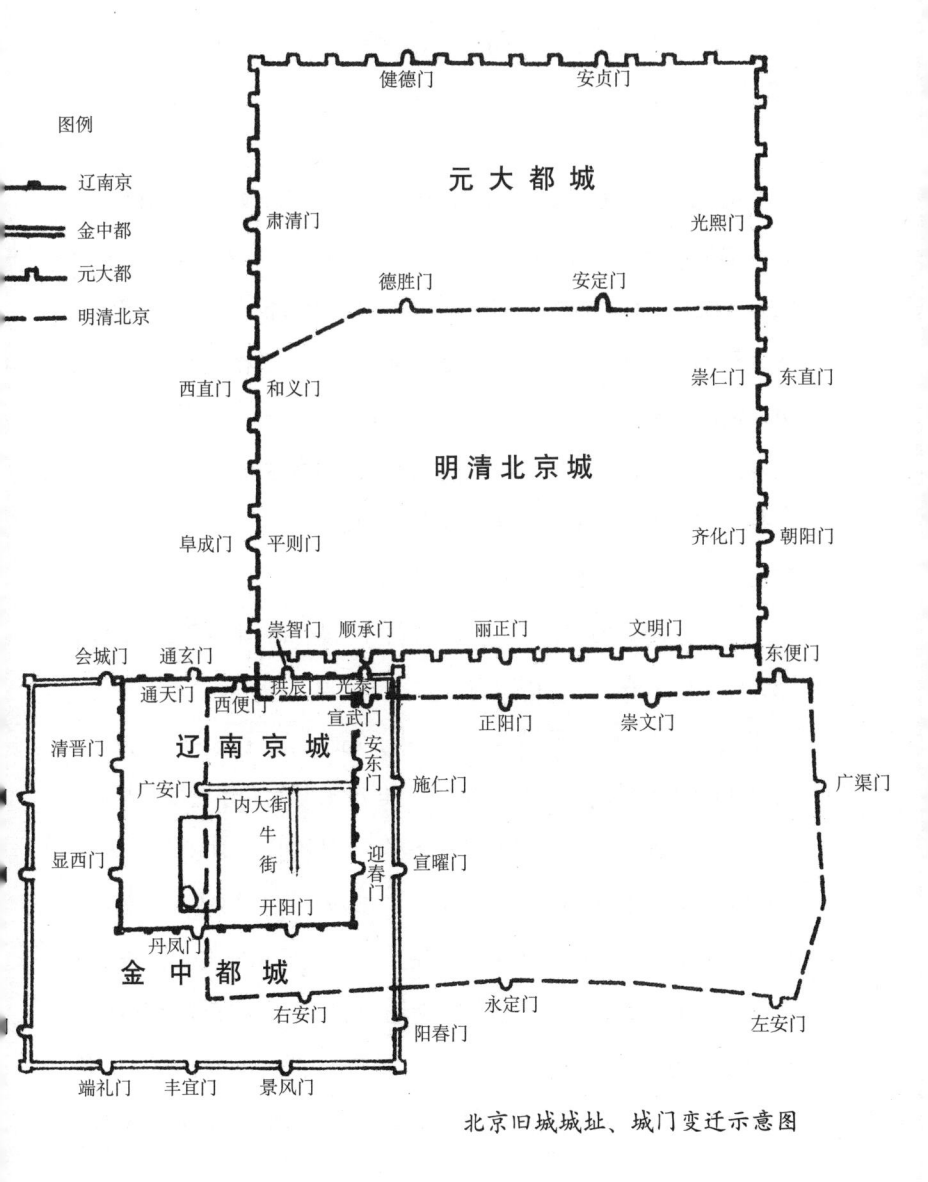

图例
- 辽南京
- 金中都
- 元大都
- 明清北京

北京旧城城址、城门变迁示意图

胡同演变

有记载的北京地区最古老的街巷是檀州街。始刻于隋代、藏于北京房山石经山的石经中,有一条石经的题记为:"大唐幽州蓟县界蓟北坊檀州街西店弟子刘师弘、何惟颇、侯存纳、贾师克等,造大般若石经两条。"这一题记,为后人提供了唐代街的名称和所在地的线索。关于檀州街的所在地,其说不一。一说它的东口在今西城区西砖胡同北口以西的位置,西口在甘石桥以东。当年,它是贯穿唐幽州城的东西大街。另一说认为,今广安门内大街与广安门外大街东段便是昔日的檀州街。

北京街路的名称,常见的后置词有街、路、巷、里、条、胡同、湾、道、厂、坊、桥、井、市、口、潭、庙、宫、司、库、局、池子、夹道、河沿、大院、栅栏等。这其中,道路的主干线大多称为街、路,胡同则是大街和小街的分支。一条街路,常常联系着多条胡同。

我国古代的街路,已有多种多样,常见的有:中心街,为城市的主干道,多路面宽广,南北向,如汉代长安城的安门大街、明清时期北京的正阳门大街;长街,如唐代扬州城的十里长街;窄巷,如唐代被称为"坊曲"的街坊中的小巷,在元大都城中最窄的巷子叫"墙缝";口袋路,由于大宅占据了小巷的部位,巷子成为口袋状,北京人称之为"死胡同";斜街,多因沿河而建、走向非正南正北或非正东正西而得名，如明清时期北京前门外的李铁拐斜街（现为"铁树斜街"）、王广福斜街（现名"棕树斜街"）；曲路，由于宅院的进深不同或沿河而建形成，如北京的九道弯胡同。此外还有环状路，也叫"环城路"，多在城墙内侧，距城墙10米左右。

唐幽州的城址，后来被辽代的"南京"所继承。据《辽史》记载，辽南京外城设8个城门，东有"迎春门"（南，在今西城区牛街附近的七井胡同）、"安东门"（北）；西有"显西门"（南，后称"蝎子门"）、"清晋门"（北）；南有"开阳门"（东）、"丹凤门"（西，在今青年湖之南的鸭子桥附近）；北有"拱辰门"（东）、"通天门"

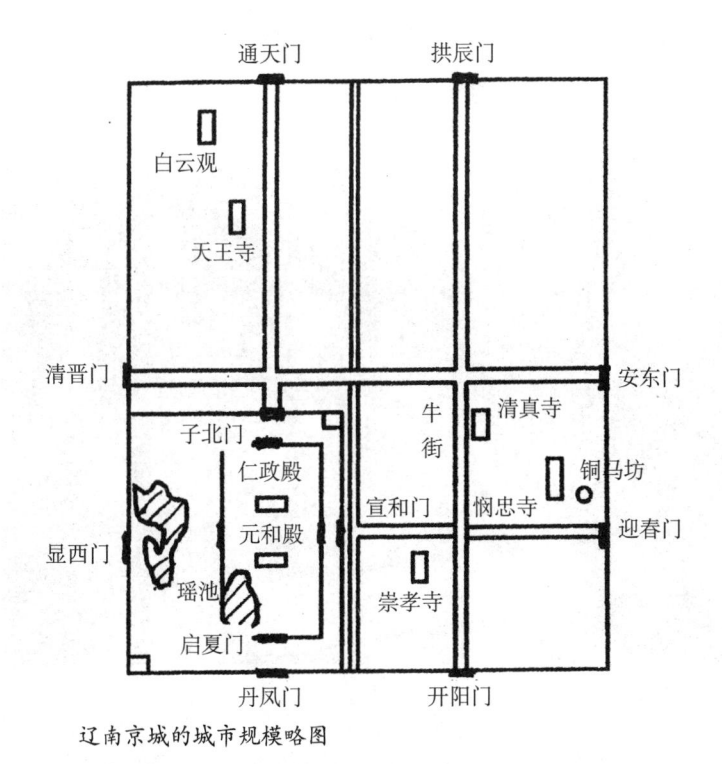

辽南京城的城市规模略图

（西）。其城基本呈正方形，分为 26 个坊，各坊出入口都建有门楼。辽南京城内街巷整齐有序，且以东向为正向。

在辽南京的基础上，金代的中都向东、西、南扩展，并改南向为正向。城址扩展了，城门也增加了，金中都北面的城门西起为：会城门（今会城门村附近）、通玄门（又称"清夷门"，在今白云观西北）、崇智门、光泰门；南面的城门东起为：景风门、丰宜门（为全城正中门，在今丰台区右安门外石门村一带）、端礼门；东面的城门北起为：施仁门（今广安门内骡马市大街中部附近）、宣曜门、阳春门（今西城区陶然亭附近的贾家胡同南口一带）；西面的城门北起为：彰义门（今广安门外北蜂窝一带）、颢华门（今广安门外马连道一带）、丽泽门。中都城内，除了干道之外，还有次要的街道。次要的街道往往根据建筑物所在位置命名，例如：

金中都遗址

蓟门北街、披云楼东街、白马神堂街、竹林寺东街、水门街、阁街。围绕干道，金中都城内设62个坊。因为坊的存在，有的街道便以坊为称，如金台坊西街、南春台坊街等。街之下是巷。《析津志》载："杜康庙在南城大巷西"，"楼桑大王庙在南城春台坊街东大巷内"，这是大巷。还有小巷，《永乐大典》中的《顺天府志》记载："紫虚观在阳春门内小巷近南。"阳春门是辟于东垣的城门，阳春门内的道路自然是东西方向，阳春门里面的小巷，则应该是南北方向的，与其相交。这些大巷、小巷，不再局限于坊的内部，而是袒露出来与中都的主要道路相通。金代的"燕京八景"之一有"蓟门烟雨"，后传为"蓟门烟树"，其地说法不一。明代蒋一葵的《长安客话》称"蓟门烟树"在德胜门外5里处。《析津志》则说蓟门在古蓟城中，遗址在大悲阁南约1里处。据考，大悲阁在今西城区长椿街南口以东，大约在法源寺附近。又有说"蓟门"为蓟城或其城门的概称，而不是专指哪一个门。

金大安三年（1211）十二月，蒙古骑兵包围金中都；次年，蒙古军攻城，并放火烧城。金贞祐三年（1215），中都落入蒙古人之手，大部分毁于战火，开始荒废。元灭金，元世祖忽必烈至元八年（1271）诏令在中都的东北营建大都。至元二十五年（1288）十月，忽必烈下令拆除金中都城墙，并将城土填充护城壕沟。至此，金中都城垣基本成为历史遗迹。

元大都的设计师刘秉忠继承了《周礼·考工记》中的营国思想，同时又根据《易经》理念筑造了新的元代的都城。

元大都以土筑城墙，除北侧的城垣辟有两座城门外，其他三面都是三座。北面两座门，从东到西为"安贞门""健德门"；东面三座门，从北到南为"光熙门""崇仁门""齐化门"；西面三座门，从北到南为"肃清门""和义门""平则门"；南面三座门，从东到西为"文明门""丽正门""顺承门"。大都总计 11 座城门。这 11 座门，有说象征着神话传说中"三头六臂、脚踩一对风火轮"的哪吒：南三门象征"三头"，东、西各三门象征"六臂"，北二门象征"二足"（或两个风火轮）。由此，元大都又有"三头六臂哪吒城"之说。

这些城门的修建，决定了大都城内主要街路的开辟和走向。

大都城每座城门都对应一条道路，这些道路便是大都城里的干道。干道之外，还构筑了次要的道路，从而形成南北方向的九条经路与东西方向的九条纬路。九条经路是：光熙门、崇仁门、齐化门内的顺城街，在今东二环路以西；文明门内大街，今东单北大街、东四南大街、东四北大街与雍和宫大街等；文明门与大都东垣之间的南北道路，疑即今之朝阳门与东直门南北小街；丽正门内大街，此街南段应是从长安街到午门之间的甬路，北段即今之地安门内大街与地安门外大街；顺承门内大街，今西单北大街、西四南大街、西四北大街、新街口南大街、新街口北大街等；顺承门至大都西垣之间的道路，疑即今天的锦什坊街；肃清门、和义门、平则门之间的顺城街，在今西二环路以东；安贞门内大街，今安定门外大街与安定门内大街；健德门内大街，今德胜门外大街、德胜门内大街。九条纬路是：健德门与安贞门内的顺城街，位于今大都北垣残址以南，今天的健安东路与健安西路等；光熙

元大都城坊巷示意图

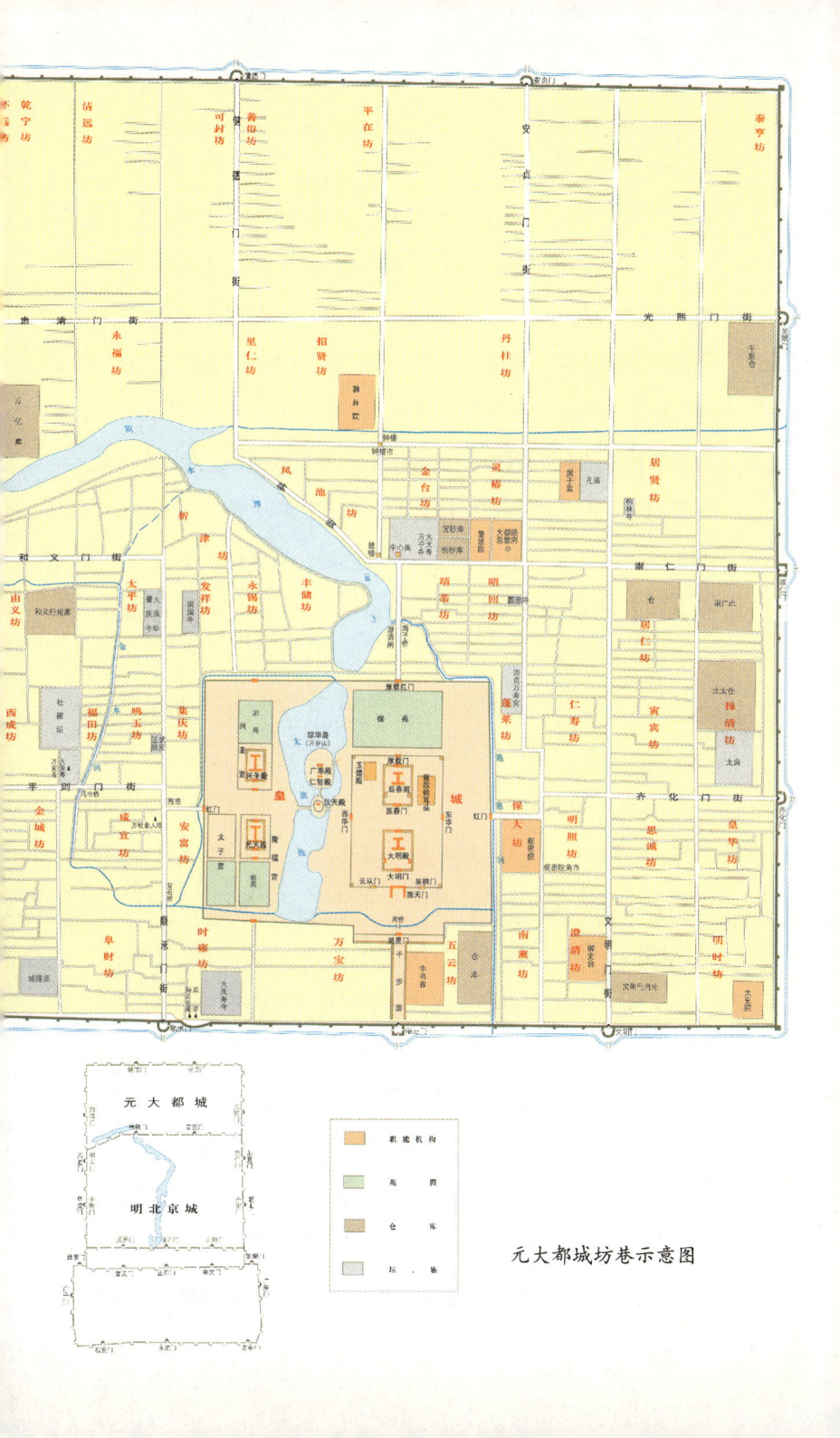

门至大都北垣、肃清门至大都北垣的中点，两点之间的连线，亦应设路，但今已无考；光熙门至肃清门内的大街（这是元代唯一贯通东西的大道），今分为东、西两段，东段即和平里北街，西段即今学院南路；光熙门与崇仁门之间的道路；崇仁门与和义门内大街，被海子（今什刹海附近水域）分为两段，东段崇仁门内大街（今东直门内大街、交道口东大街、鼓楼东大街）至中心台后沿海子东北岸向西北延伸，西段和义门内大街（今西直门内大街、新街口东街）至海子西南岸与健德门内大街相交；齐化门与平则门内大街，被皇城分为两段，今亦为两段，东段今为朝阳门内大街、东四西大街、五四大街，西段今为阜成门内大街、西四东大街；由崇仁门与齐化门之间的中点向西延伸的道路，应与今平安大道重叠，从今北海与什刹海之间穿过；齐化门至大都南垣、平则门至大都南垣的中点，两点之间的道路，已无考；文明门、丽正门、顺承门以内的顺城街。这九经九纬，交织成棋盘形的街道格局，并将元大都城区划分为50个地段，构成50坊；后来大都又增加了23个坊，总计73个坊。

关于元大都的道路情况，熊梦祥在《析津志》的"街制"中有所记述："自南以至于北，谓之经；自东至西，谓之纬。大街二十四步阔，小街十二步阔。三百八十四火巷，二十九衖通。"即元大都有50坊。坊间纵横的小街或巷子，为胡同。元代的大街和小街的定制为：宽十二步（18.6米）为小街，宽二十四步（37.2米）为大街。火巷，是为了防火而在房屋之间开辟的狭长形状的空地，后来成为街巷的代称。元以后，火巷基本消失。张爵的

元大都城垣遗址

《京师坊巷志稿》收录了一条明时坊中的"火巷",在今天的建国门街道办事处的治国胡同附近。明代还有一条街道称"火道半边街",顾名思义,这街很可能是火巷演变而来的,称"半边街",应该是那里的街道只在一侧建筑房屋。衖通的"衖",同巷,是里中的道路。在江南,"通"作"弄",上海人称之为"里弄"。通,有到达、通畅之意,与"衖"相连,有四通八达之意。

明洪武元年(1368)八月,由徐达和常遇春统率的明军攻占大都。朱元璋诏令将大都改为"北平府"。为防元军反攻,徐达命华云龙为首的部将整修受到战火破坏的大都城西、北城垣,并改北垣的"健德门""安贞门"为"德胜门""安定门"。为巩固城防,又在北垣南约3公里处修建了一道土城墙。因遇积水潭水面,这道土墙向南倾斜,形成了后来的内城西北的缺角。洪武四年(1371),这道新建的土墙被加高加宽,并开辟2座城门,即

"德胜门"和"安定门",其北原大都的北垣及东、西垣北端的城墙,包括"健德""安贞""肃清""光熙"4座城门都被废弃。永乐元年(1403),登上皇位的朱棣将北平府改称"顺天府"。永乐四年(1406),朱棣诏命营建北京,并下令将元代皇城以内的宫城全部拆掉。永乐十五年(1417),营建北京的工程大规模展开。永乐十七年(1419),北京城向南拓一里多,其南城墙建在今崇文门、宣武门一线;开建3座城门,沿用元大都时旧名,从西向东依次为"顺承门""丽正门""文明门"。永乐十八年(1420),北京城营建工程基本完成。此次营建,北京大城的城垣全部外砌砖石,并新筑城墙"两千七百余丈",城墙总长达"七千八百七十九丈八尺三寸"。永乐十九年(1421),朱棣正式迁都北京,称"京师"。正统二年(1437),改顺承门为"宣武门",改丽正门为"正阳门",改文明门为"崇文门",改齐化门为"朝阳门",改平则门为"阜成门",改崇仁门为"东直门",改和义门为"西直门"。连同建在北城墙的德胜门和安定门,合为"内九门"。由于受到北去的蒙古余部的威胁,嘉靖三十一年(1552)明政府开始在大城之南

德胜门箭楼

构筑外罗城三面,并于嘉靖四十三年(1564)完工。外罗城辟七门:南面与正阳门相望的是永定门;永定门之东为左安门,俗称"江擦门";永定门之西为右安门,俗称"南西门";外城东墙开广渠门,俗称"沙窝门";外城西墙开广宁门,因此门与金代老城门相距不远,也被民间称为"彰义门";又在外城西北角和东北角分别开一门,为西便门和东便门。由此,北京城分为四个层次,即紫禁城、皇城、内城、外城。明王朝将皇宫建在北京城正中的中轴线上,然后以中轴线为准,划分东、西二县,东为大兴县,西为宛平县。

城门是与街路联系在一起的。明代与城门相关的"街"有阜成门街、西直门街等;称"大街"的,有正阳门大街、长安门大街、崇文门大街、宣武门大街、东直门大街、朝阳门大街、德胜门大街、安定门大街、广安门大街等。城门里的街还有"里街"之称,如崇文门里街、宣武门里街等。这些被冠以"街"的道路,有77条,占北京全部街巷的5.98%。相比之下,明代北京以"路"和"道"命名的很少。京师北城灵春坊有一条新开路,显然是新开辟的路。西城有京畿道,但这后缀的"道"只是机关的名称(京畿道是都察院的一个部门)。两侧耸立高墙的狭窄道路,称"夹道"。如仓夹道,其西侧是海运仓的高墙,东侧是民居;崔府夹道,两侧是高墙,路幅十分狭窄,最窄的地方只能通过一个人。

明代,官用建筑走向定型化、程式化,民间建筑则开始广泛使用砖、瓦。明代的北京城,依旧有"坊"之称,坊下有"牌""铺""胡同"。明内城有28坊(亦有32坊说),外城有8坊,共计36坊。

明代的《京师五城坊巷衙衙集》记，北京的街巷胡同为1170条，其中直接称胡同的为459条。明代北京的内城，胡同和四合院有着规范的格局。内城中，皇城外至内城城墙之间，是街巷胡同，其布局整齐有序。

清代，基本保持了明代北京的城貌。但清兵入关以后，北京内城的居民有所变化。《京师坊巷志稿》载："顺治元年，定鼎燕京，分列八旗，拱卫皇居。镶黄居安定门内，正黄居德胜门内，在北；正白居东直门内，镶白居朝阳门内，在东；正红居西直门内，镶红居阜成门内，在西；正蓝居崇文门内，镶蓝居宣武门内，在南。"顺治五年（1648）八月，清廷下谕："除八旗投充汉人外，凡汉官及商民等人，尽徙南城居住。原房拆去另盖。"这样，内城就成为亲王府、郡王府、贝勒府、贝子府及其他旗籍官宅的专用地，以及八旗兵的驻防地。《京师坊巷志稿》载："雍正三年六月十三日，八旗都统、前锋统领、护军统领等，议定八旗界址。"该书中记载的八旗兵的驻地为：

镶黄旗满洲、蒙古、汉军居址，按参领自鼓楼东至新桥，自新街大街北至城根、南至府学胡同之东，与正白旗界。

正白旗满洲、蒙古、汉军居址，自府学胡同南，至大市街报房胡同之东，与镶黄旗界。自皇城根至城根，与镶白旗界。

镶白旗满洲、蒙古、汉军居址，自报房胡同南，至单牌楼与正白旗界，自皇城根东至朝阳门城根，与正蓝旗界。

正蓝旗满洲、蒙古、汉军居址，自就日坊至崇文门，自金水桥东至城根，与镶白旗界。

正黄旗满洲、蒙古、汉军居址,自鼓楼西至新街大街,北至城根,南至马状元胡同之西,与正红旗界。

正红旗满洲、蒙古、汉军居址,自马状元胡同之东,与正黄旗界,自皇城根西至城根,与镶红旗界。

镶红旗满洲、蒙古、汉军居址,自羊肉胡同南至瞻云坊,与正红旗界,自皇城根西至城根,与镶蓝旗界。

镶蓝旗满洲、蒙古、汉军居址,自瞻云坊至宣武门,自金水桥西至城根,与镶红旗界。

清初,除了驻军以外,当年举家搬出内城的汉籍官员,大多搬迁到宣武门外;商人、富户及一些手工业者,则搬迁到前门外和崇文门外一带。这一迁移,使原本经蒙古骑兵焚毁、业已荒废的金中都遗址得以恢复繁华,后来的宣南会馆及"宣南文化"也因此有了兴起、发展的契机。乾隆年间,礼部尚书、协办大学士纪晓岚就住在虎坊桥路北的一座宅院中。他曾任四库全书馆总纂官,主持撰写《四库全书总目提要》和《四库全书简明目录》。在此期间,由于纪晓岚及其属下需要大量书籍,书市和贩卖文墨用品的摊铺便在其宅之北不远处的海王村一带应运而生,后来形成了琉璃厂古籍古董字画一条街。后来,和平门豁口开通,琉璃厂街被现今的南新华街一分为二,成为东琉璃厂街和西琉璃厂街。

清代北京城内设10坊,为:中东坊、中西坊、正东坊、东南坊、朝阳坊、崇南坊、宣南坊、关外坊、灵中坊、日南坊。

到了民国时期,北京(北平)的地名除"白纸坊"(明代设)以外,已全部被街、巷、路、道、胡同所取代。在当时进行的街巷改造中，较宽阔的道路均以"路"来命名。南北方向的有虎坊路、万明路、西经路、东经路，东西方向的有香厂路、永安路、北纬路、南纬路。1949年中华人民共和国成立以后，新开辟的大路，多冠以"路"，如阜成路、白颐路等。

随着时代的发展，北京街路名称尾部后缀的标志发生了变化，街路的长短与宽窄在不断改变，还存在着新街路的新生与旧街路的消亡。在这些发展变化中，北京街路的名称也随之发生改变。

横贯北京市中心的长安街，是北京最著名的大街。长安街的前身，有说是元大都南墙内的一条顺城街；也有说它在大都南城墙之外，因为当今的天安门和当时的大都城正中城门——丽正门的位置大致相当。明永乐十五年（1417），明成祖诏令增建大内宫殿，"将南面城垣外拓二千七百余丈"，改丽正门为正阳门。这条原本在丽正门之北或之南的顺城街，就成了皇城前面的宫廷广场的两翼。宫廷广场的东、西两边建两座门——东为长安左门，在今劳动人民文化宫大门东侧；西为长安右门，在今中山公园大

正阳门旧影

长安左门旧影

门西侧。明清时期，长安左门和长安右门之间是皇家禁地。民国时期两门开放，围墙拆除，两门之间的道路被命名为中山路。中山路以东称东三座门大街，再东称长安街；中山路以西称西长安门大街，再西称府前街，又西称西长安街。中华人民共和国成立后，长安街以天安门为中心，东至东单路口，称东长安街；西至西单路口，称西长安街。

北京"前三门"一线的东部旧有崇文门，1965年，其城墙和城楼被拆除。崇文门不在了，但伸向四方的街名依旧带着"崇文门"的名号——崇文门东大街、崇文门西大街、崇文门内大街、崇文门外大街。崇文门之名，是明代的命名，清代沿用。元代，此门名为"文明门"。元代文明门内、外大街的名号已不得而知，但城门名的变化，连带了街名的变化。1965年，崇文门一带的城墙被拆除以后，墙南的护城河被改造成道路，被命名为"崇文门东大街"和"崇文门西大街"。

王府井大街，是北京最有名的商业街之一。据载，金代时这里是一片荒郊。元大都建成后，这里形成了一条南北向的干道。明永乐年间，明成祖朱棣诏令迁都营建北京紫禁城时，在此兴建了十座王府。明嘉靖年间，这里有了"十王府街"的名称。十王府街的南段路西，有一口远近闻名的甜水井。关于这口井，明代万历年间的太监刘若愚在其所写的《明宫史》中曾经提及。风尘岁月，十王府已不知去向，街却以"王府井"而留名。

"交民巷"，是"东交民巷"与"西交民巷"的合称。东交民巷的东口在崇文门内大街，西口在天安门广场东侧；西交民巷的东口在天安门广场西侧，西口在北新华街。就"巷"而言，东、西交民巷合在一起是北京最长的一条巷子。明代，这里是米市的一部分，统称江米巷。东交民巷在元代属南薰坊，清时这里设有翰林院、宗人府、鸿胪寺及吏、户、礼、兵、工部等官署和肃王府等一些王公府第。乾隆年间，此处盖了一所译馆，称"内馆"，用以接待来京朝谒的外国使者。1840年鸦片战争以后，英、法、

民国时期的东交民巷

德、俄等国陆续在这里设立了使馆，江米巷改称"侨民巷"。因"侨""交"二字字音相近，后来"侨民巷"被人称作"交民巷"。光绪二十六年（1900），义和团曾攻打东交民巷的外国使馆，并借《推背图》中的"金鸡啼后鬼生愁"之句，将东交民巷改称"鸡鸣街"。在"文化大革命"中，东交民巷被改名为"反帝路"，后恢复原名。

位于前门大街西侧的"大栅栏"（读音"大什腊"）是北京最著名的商业街之一。明代，大栅栏一带有东西走向的四条胡同，由北往南依序名为：廊房头条、廊房二条、廊房三条、廊房四条。清顺治五年（1648），朝廷下达外迁令以后，商人、富户及一些手工业者多搬迁到前门外和崇文门外一带。由于前门外紧邻内城，便于王公贵戚的行走往来，前门大街一带逐渐形成了繁华的商业区。当时的廊房四条集中了许多商铺，其东口和西口便建起了高大的木栅栏。由于有高大的木栅栏为特征，廊房四条便有了"大栅栏"的俗称。久而

大栅栏旧影

久之,"大栅栏"的名称便取代了"廊房四条"的名称。在乾隆年间的《京师全图》上,"廊房四条"已经被"大栅栏"所替代。1900年"庚子事变"中,大栅栏焚于兵火。事后,大栅栏的东、西口复建了高大的铁栅栏。1965年,"大栅栏"被命名为"大栅栏街",其西的"观音寺",改名为"大栅栏西街"。

北京街路名称最大的一次变化,是在1966年"文化大革命"爆发以后。在这一特殊时期,许多街巷胡同被重新命名。

1976年"文化大革命"结束以后,北京的街路绝大部分恢复原名;只有少数街路未恢复旧名,如"五四大街""新文化街"等。

20世纪50年代中期,北京城墙、城门除崇文门东侧一段和东便门角楼、正阳门城楼及箭楼、德胜门箭楼外,其他部分相继拆除。昔日护城河的河床之上,修建起环绕北京老城的二环路。伴随着城市现代化的进程,北京在20世纪90年代初开始兴建三环路,其后四环路、五环路、六环路相继建成。与此同时,一些原来不很宽的街道扩展为通衢大道,如平安大街、两广路等;还有一些特色街也应运而生,如复兴门北的金融街、三里屯附近的酒吧一条街,以及备受外国游客和商人青睐的秀水街等。

胡同的构成

胡同，是城市中一种狭长的通道。它是由两排院落墙体、宅门或倒座房、后罩房的屋墙连成的两线建筑物构成的。在两排宅第之间，胡同形成了一条隔离空间带，便于宅院的通风、采光和居民出入。在明清时期的北京，构成胡同的主要建筑物是四合院。晚清和民国时期，由于人口膨胀等因素，北京城内，特别是外城，出现了一些三合院和其他不符合传统规则的院落、房屋，但四合院依旧是北京的代表性建筑。

四合院

　　四合院，是指以墙垣或走廊将四面的房屋连接起来所形成的院落。它的基本要素是：宅门、倒座、正房、厢房、庭院、围墙，其布局大多依中轴线左右对称，院内房屋的门窗全都朝向庭院。关上宅门，四合院即呈封闭性较强的整体。

　　考古资料证实，相对封闭的庭院式建筑布局，最早起源于距今5000年的仰韶文化。原始社会中后期，黄河中下游地区的人

四合院

居建筑开始从半地穴式建筑逐步发展为地面建筑，具有一定规模的氏族聚落，形成了庭院式建筑的雏形。这种建筑，是一种为抵御自然界野兽的伤害及部族间的袭击而选择的具有保护功能的形式。在庭院内部，各个房间的分工则与原始社会的氏族崇拜、宗教制度等原始礼教有关。

根据考古学界的研究，在我国的夏代晚期，已然出现了具有四合院雏形的建筑。在今天河南偃师二里头保存着一座当时的宫殿遗址，东西长108米，南北宽100米，东部与北部之间缺了一角，平面是略呈折角的正方形。从安阳殷墟遗址来看，商代晚期就已经出现了四合院。比较完整的四合院资料，则发现于陕西岐山周原地区西周早期遗址。在陕西岐山凤雏村的西周早期的建筑遗址，南北长45.2米，东西宽32.5米。从遗址来看，这一宅院为两进院落，在中轴线上依次为屏、门、院、堂、廊，东西两侧是庑，前堂与后室以廊连接。这一遗址，有"中国第一四合院"

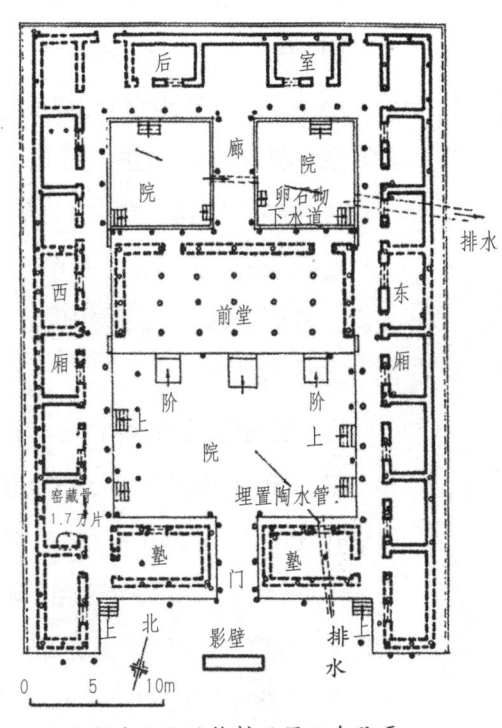

陕西省岐山县凤雏村西周四合院平面图（转引自《北京民居》）

之称。

20世纪70年代，在北京后英房明城墙的基础下，挖掘出一处元代的住房遗址。这是一座大型住宅，分东、中、西三路。东路主院有正房与厢房。正房分前后两座，中间用廊连接，继承了陕西岐山凤雏村的建筑形式。

明初，由于多年的战争，北京地区人口稀少，明政府下令从山西移民。20世纪80年代，据调查，在当时大兴县内的526个自然村中，有110个村庄的始住民是从山西迁徙过来的。人口的流动，使民居建筑的样式受到影响，因此有说山西一带的民居与北京四合院存在某种潜在的渊源。

明代，由于制砖手工业的发展，民间建筑开始广泛使用砖瓦。封建宗法理念、砖瓦的广泛使用、北京的气候环境及城市结构、住宅传统等诸多因素，促进了以墙垣将四面的房屋连接起来的建筑形式被广泛接受。由此，以中轴线为中心、左右对称，有倒座、正房、厢房、庭院、围墙及宅门，基本呈全封闭状态规制的北京四合院得以定型。

在封建时代，建筑物的尺寸和制式不仅仅决定建筑物的结构和样式，还联系着封建社会的等级制度。明代规定，官民房屋不得造九五间数，因为九五（九五至尊，《周易》乾卦九五的爻辞为"飞龙在天"）数为皇帝专用。明初规模最大的王府为六重院。清代王府改寝室为两重，共五重，正殿七间，后殿六间；六品至九品官，厅堂各三间，正门一间；百姓家宅正房不得超过三间。《大清会典事例》有关台基的规定为："公侯以下三品以上房屋台基高二尺，四品以下至士民房屋台阶高一尺。"这些制式规定，在封建王朝是不可僭越的；若是僭越，轻者丢官免职，重者甚至要掉脑袋。这些定制，决定了宅院及房屋的大小和高矮，同时也决定了胡同的宽窄和长短。

北京"城中街道系统，以各城门为干道中轴，故北京各大街莫不广阔平直，长亘数里。其内城干道以南北向者为多，而小巷胡同则多东西向；至于外城则干道在城中相交作十字形，北半小巷以东西向者为多，而南半小巷则多南北向焉"（梁思成：《中国建筑史》）。依照定制，胡同与胡同的间距为五十步（77.5 米），这间距，也是四合院宅基地的进深。较大的四合院，其前门在胡同的路北，朝南开；其后门，在北面的另一条胡同的路南，朝北开。较小的四合院，则是两座占此进深——即其中的一院的宅门朝南开，其北墙为后边院落的南墙；后边院落的宅门则在其后的胡同内，宅门朝北开。不符合这些定制的四合院和胡同，则是伴随着时代的变迁、人口的增多及其他事变等因素，民间陆续修建不规则的建筑所形成的。

作为北京旧城基本元素的四合院，是按照封建宗法理念设计的。四合院的居住者，多以血缘为纽带，在家族内部体现尊卑有序、长幼有序、上下有分、内外有别。在宗法、礼教的影响下，住宅、寺庙、宗祠、官署、王府、宫殿等，都采取四合院的形式。此外，北京的四合院又有它的实用性。由于北京的气候属于典型的温带大陆性气候，冬天寒冷干燥，春天多风沙，夏天热而多雨，所以对外封闭、房屋的门窗全部开向庭院的四合院，除安全防护作用外，还有防沙、防寒、保暖、采光等作用。此外，在庭院里栽种花木，还可营造比较安静舒适的生活环境。

北京四合院，可以分为三大类型：一为"基本型"，即一进院；二为"纵向连接型"，包括二进院、三进院、四进院，甚至五进院；三为"横向连接型"，包括跨院式、两院并列式、多院组合式。其中，民宅里最具代表性的四合院是二进院。

北京四合院的基本型，即"一进院"，是由宅门、倒座、正房、厢房、庭院、围墙等组成的。

宅门

老北京正规的四合院大多坐北朝南，宅门开辟在东南角，与东厢房的南部山墙相对。旧时建筑讲究"风水"，《逸周书》有关于阴阳风水用于营建之说："另其阴阳之利，相土地之宜，水土之变，营邑制……"昔日，老北京有"一门定昌吉"的俗语。四合院的大门，是内外空间分隔的重要标志。阳宅三要为：门、主房、灶；六事为：门、路、灶、井、坑、厕。北京标准四合院的大门都在东南角（前左角），称为"青龙门"。风水学称，这种"坎宅巽门"的布局是最吉利的布局。八卦中的巽为"风"，示意宅门是四合院顺气通风之处。但王府、庙宇、会馆不在其列，大门设在整个宅院南面的中轴线上。

北京四合院的宅门，分为两大类，即"屋宇门"和"墙垣门"。

屋宇门，即以屋为门，与四合院的倒座房相连。在北京，多数屋宇门采取一间的形式，但是体量比倒座要大，屋面高峻，墀头墙突出，进深宏阔。简陋一些的屋宇门则采取与倒座通脊的形式。

屋宇门，可以分为五种。

第一种，王府的宅门。清代规定，亲王府可以采用五间大门，郡王府三间。亲王与郡王的大门称"府门"，也作"宫门"，有别于普通的民居。大多王府的府门东西各有一间角门，在满语中叫"阿司门"，平时供仆役等出入。府门两侧设置石狮子、灯柱、辖禾木。辖禾木也称"行马"，是一种木制的三角形状的东西，用来阻挡行人车马。与府门相对的是街面上的影壁。如果阿司门不在南北位置，而在东西相对的方向，那么其中必然存在一个方形

王府大门

大院。凡是这样格局的，府门的对面便不是影壁了，而是构筑一排平房，作为看护兵丁的住所。这样的院子，称为"狮子院"。与民居四合院不同，王府的府门不是位于东南角，而是安排在中轴线的南端；在建筑形式上，用兽脊、硬山、筒瓦，筒瓦的颜色可以使用绿色的琉璃。亲王府大门着红漆，门上有金钉（黄色）63个。

在建筑的格局上，与王府近似的是衙署与寺庙。衙署的大门也设在中轴线上，其屋顶通常采取悬山顶，灰色筒瓦，围墙也是城砖砌筑。寺庙的山门设在中轴线上，它的建筑形式一般是歇山顶，灰筒瓦，只有皇家的寺院才可以铺设黄色的琉璃瓦。大多的寺庙中间是石拱门，两侧是雕出连锁的石窗，石拱门之上是狭长的匾额。如果是皇帝认可的，在寺庙的名字之前要加上"敕建"两个字。大的寺庙，山门外摆放石狮子，左右对称，两侧设置角门。也筑有很高的围墙，而且要涂上朱红的颜色。这一点与王府不同，王府不在围墙上抹红。多数的会馆大门，也设置在整个建筑物的中轴线上。

第二种，广亮大门，又有"广梁大门"之称。这种大门的门板附着在中柱上，将门庑（廊式过道）一分为二，前庑与后庑相等。它的大门板并不紧贴地面，其前挡有俗称"门坎儿"的一块很厚的长木板——门槛。门槛的两端插在门枕石和抱鼓石（门墩儿）中间的凹槽里，如若走车，则可将其卸下。大门的门轴下端放置在门枕石的海卧内，门框上有门簪和楹联。门簪是大门上方突出的木制装饰物，同时它也有把楹联固定在中槛上的作用，多为六

广亮大门

角形，柱高七寸左右，直径七寸左右。门簪朝向街面的部分雕有吉祥纹，有的雕有"吉祥""平安"等字。广亮大门的门簪有四个。大门墀头墙的戗檐上，大多装饰砖雕，其上图案有狮子、麒麟、松鼠和葡萄、仙鹤与灵芝等。大门的屋顶为硬山顶，屋脊有"清水脊"或"元宝脊"。门道里的两侧墙，称为"邱门墙"，其上有浮雕、壁画等；门道两侧，放有两条长凳，称"春凳"，是看门仆佣、护院坐的地方，或是访客等候的地方。在清代，使用广亮大门的是比较高级的官宦人家。

第三种，金柱大门。这种大门的门板附着在金柱上，把门板向前推出了一个步架，前庑与后庑不再等分，前庑浅而后庑深，没有广亮大门气派。清代，安装金柱大门的也是有一定品级的官员。它的前檐柱上装有官品象征的雀替。

金柱大门　　　　　　　　蛮子门

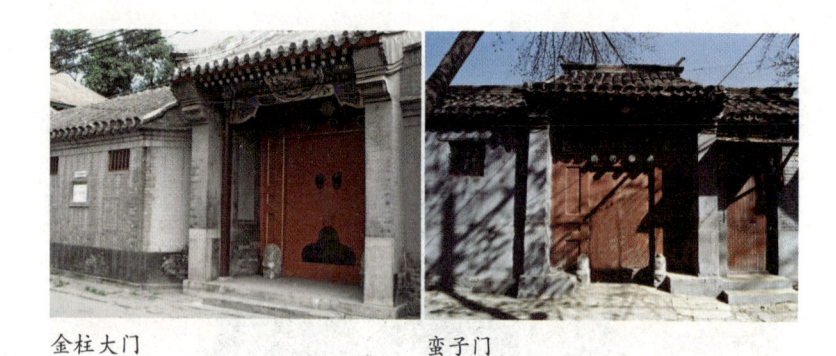

第四种，蛮子门。它与金柱大门的区别是，门板附着在前檐柱上，没有前庑。没有官品，但是有财富人家的深宅大院，往往使用蛮子门。

第五种，如意门。它的大门虽然也开辟在前檐柱的位置，但是不直接与前檐柱连接，而是用清水砖砌筑鱼鳃墙把前檐柱包裹

如意门

起来，墙中留门洞，内设抱框，门板附着在抱框上。门洞两侧出挑一组砖构件仿如意形状，称"象鼻子枭"，"如意门"的称谓便由此而来。"象鼻子枭"之上是门楣，外贴砖挂落，再上是冰盘，冰盘之上是朝天栏板，这些都是砖构件。中等人家往往使用这种大门，它的门簪只有两个。

砖雕是宅门的装饰，普遍出现在北京四合院的宅门上。其中，广亮大门、金柱大门、蛮子门的砖雕集中在盘头上；如意门的砖雕不仅在盘头，而且雕刻在挂落板、朝天栏板上。东城区的盛芳胡同、三眼井胡同，西城区的藕芽胡同，都有精美的如意门砖雕。

墙垣门，也叫"随墙门"。顾名思义，"墙垣门"是开在四合院院墙上的门。

墙垣门可以分为两种。

第一种，小门楼。它虽然属于墙垣门，但是仍然追求"屋"的形式。它有一个小屋顶，高出墙垣，墀头墙也突出墙垣；只是由于进深浅，并不形成屋宇。使用小门楼的院落，通常是小型的四合院。这种随墙门与墙完全是一个整体，在围墙的适当位置辟一个门洞，在门洞的顶端装门楣，两侧装抱框，

小门楼

门板附着在抱框上。依据墙顶的不同做法,随墙门可以分为砖砌顶与抹灰顶。使用随墙门的一般是杂院。相对于小门楼,随墙门低了一个档次。小门楼可以分三种,即花墙子门、清水脊、道士帽。花墙子门,是在街门的顶端四角再砌四个立垛,垛与垛之间用瓦砌成数个相连接的如同铜钱形状的花饰(称"轱辘钱"),最顶端用砖砌平。其中,轱辘钱部分以白浆刷成白色,用青灰水把四周刷成黑灰色。清水脊的形式像房顶前坡和后坡的形状,整个门楼均刷成青黑色。道士帽与清水脊类似,但其顶端呈弧形,不再起脊,像道士的帽子,也着青黑色。

第二种,车门,也叫"栅栏门"。它虽然也属于墙垣门,但它既可以用于大宅院的马号,也可以用于寻常百姓家。车门的造型很简单,两根立柱搭一根横梁,横梁之上是卷棚式的屋顶。在北京的胡同里,车门比较少见。

老北京四合院的宅门,以朱红色为多,也有的为黑色或黑、红相间。民居老宅门上,多有门联。门扇外装有敲门用的"门钹"。门钹多为黄铜制,也有铁制。其形如我国传统的打击乐器——钹,两个圆铜片,中

车门

间突起成半球形，中间有孔，以穿钉或穿销固定在门板上。广亮大门和金柱大门上的门钹多为兽头，兽头上穿有铜环。在民间文化中，门钹上的兽头为龙的九子之一"椒图"的形象。传说中，椒图最反感他物进入其巢穴，所以人们将它的形象安放在宅门上。它张着嘴，衔着门环，成为防卫的标志。

晚清以后，北京出现了一种西式宅门。西式宅门也可以分为若干种，通常所见的是中西合璧式宅门。这种门的主要特征是门洞之上砌砖券，再上砌女墙。女墙可以是单层，也可以是双层。如果是双层的，底部的女墙做成匾额形状，顶部做成阶梯、半圆或者其他形式。这种宅门之所以称"中西合璧"，是因为其细部有时呈现中国传统风格，比如在匾额心里做出的沙锅或者沙锅套瓦花等。西式宅门在北京胡同里，时常可以见到，但是相对中式宅门，还是比较稀少的。这种宅门的末流十分简单，只在门楣上随便堆砌一个匾额或者一个寿桃形状的物体就可以了。

随墙门式西洋门　　东中胡同3号院西洋门　　西洋门

门墩

门墩（门墩儿），又称"抱鼓石"，俗称"门座儿"。它既是门旁的装饰物，也是门两侧固定槛框与门板的物件。抱鼓石是一块石头，但分成两个部分：安在门内侧的是"门枕"，其作用是承托大门的下轴和门的重量；安在门外侧的是"门鼓"，作用是以它的重量来平衡门的重力。门枕和门鼓，使门板得以竖立并且灵活转动。因此，门板的体积越大，抱鼓石的体量也须越大。

门墩

抱鼓石有两种样式，即圆形与竖长方形。常见的圆形抱鼓石上的石雕，有万字纹、鱼形纹、彩陶纹、编织纹、祥云纹及汉代车马出行图的图像。常见的竖长方形抱鼓石（俗称"方门墩"）上的石雕，有"二龙戏珠""麒麟送子""鱼龙变化""如意祥云""和合二仙"等。广亮大门、金柱大门、蛮子门多采用圆形抱鼓石，如意门与小门楼通常采用长方形形状的抱鼓石。

影壁

影壁，是宅门内或宅门外做屏蔽的墙壁。它是北京四合院的配套建筑，在胡同里有两大类六种形式。

第一类，为四合院宅门外影壁，可分三种。

第一种，"一"字形。位于宅门对面。"一"字形的影壁又分简单形和三段形。简单形的影壁，就是"一"字形的一堵墙；三段形的则把墙分为三段，中间高，两边低。

第二种，"八"字形。位于宅门对面。"八"字形的影壁是三堵墙，平面"八"字形，两侧的墙与中间的墙相接，构成一个角度。如果胡同宽阔，影壁与后面的屋檐可以适当保留一定间隙。近年，为了适应急速增长的交通流量，一些胡同展宽了，被保留下来的原本靠在胡同边缘的影壁就坐立在胡同当中了，如位于西城区前

宅门外"一"字形影壁

海西街的郭沫若故居的宅门前的影壁。

第三种,"撇山影壁",也称"燕翅影壁",俗称"撇子墙"。位于宅门两侧,斜向伸出两堵短墙,与宅门檐口相接,形成一个内向度。这样的影壁使宅门前形成一块空地,以方便车、轿、马的回转。门前设这种影壁的,多在较宽的胡同内,且是官宦人家。

第二类,为四合院宅门内影壁,可分三种。

第一种,是宅门之内的影壁,位于标准四合院的宅门与东厢房之间,迎门而立。宅门内的影壁可分"独立式"与"跨山式"两种。独立于厢房山墙的称"独立影壁",在厢房山墙上镶砌墙面的称"跨山影壁"。四合院宅门内的影壁用以遮挡对面的檐头屋角,也用来做屏挡,使门外行人不能窥见宅院内的情况。

第二种,设在二进院垂花门的两侧,有"看面墙"之称。

第三种,设在二进院垂花门之里,如同二进院里的一道屏风,多为木制。

倒座房

四合院的基本型是一进院,其宅门一线坐南朝北的南房,称"倒座房"。

倒座房的檐墙,也就是房北的屋墙是临胡同的。建在一条线上的多座宅院的倒座房的屋墙,形成胡同的墙线。它的门、窗开在院内,朝向北。旧时,倒座房是私塾课房、接待来人客房、仆佣的住房,最西的倒座房多为厕所所在。倒座房与厢房之间的墙,

老檐出形式倒座房

称"卡子墙"。

昔日,由于四合院是一个相对独立的封闭整体,所以它的倒座房的檐墙上不开窗。近几十年,由于北京的人口急剧膨胀,原来的四合院倒座与后罩房也成为居民的主要住房。为了通风和采光,这些房屋的后檐墙上大多开了窗户。

正房

一进院倒座房门窗的对面,隔着院子的一排坐北朝南的北房,称"正房",也称"上房",是四合院内辈分最高的一家之主居住的房子。比起院内其他的房屋,正房的开间、进深和高度,都有明显的区别。正房的屋架形式多为七檩前后廊、六檩前廊或五檩前廊,面宽以三间或五间最常见。明代普通百姓家的正房按规定是三间，晚清和民国时期普通百姓家的正房有五间数。正房的屋脊形式以清水脊、披水排山脊、鞍子脊为主，传统四合院的正房多仅在前檐明间开门，次、梢间均开窗。明间为堂屋，多摆放条案、八仙桌及座椅，为院主待客、喝茶、吃饭的地方。明间的左右为主人的卧室、书房。门的形式主要有隔扇门和夹门窗两种，窗的形式以支摘窗为主。

正房的左右两侧，各有一间较矮小的房子，就像人脸两侧的耳朵，因此被称为"耳房"。西耳房多用于放杂物，东耳房多用做厨房。

少数四合院的正房在建筑风格上受西方建筑影响，采取了部分西式建筑装修，如柱廊、西式门窗等。目前，由于现代材料的使用，四合院门窗的装修发生了很大改变，基本上以大玻璃窗为主了。

南池子大街32号院二进院正房

厢房

一进四合院的厢房分列在正房的两侧,东侧房屋的门窗朝西,叫"东厢房",简称"东房";西侧房屋的门窗朝东,叫"西厢房",简称"西房"。厢房比正房矮。旧时以"左为上",东厢房比西厢房略高。旧时厢房住晚辈,即子辈、孙辈。

厢房

庭院

一进院的倒座房、正房、两侧的厢房及四角的围墙,围成一片正方形或长方形的庭院。四合院四角的围墙分精细、粗糙两类。精细的用青砖,粗糙的多用碎砖头砌就,灰口很大,也有的在墙体上罩一层灰泥。其墙体,大多为灰色。

旧时，四合院内所有房屋的门、窗，都是朝向庭院开的。因此，庭院不仅是居住者出入宅门的通道，也是居住者休闲的地方。

老北京四合院的庭院里，多栽花木，或摆放盆花。树，以枣树为多。常见的盆花有：石榴、夹竹桃、文竹、玉簪棒、天冬草。一些人家的庭院里摆放荷花缸和青灰色的大鱼缸，里边养着各色金鱼。炎夏的晚上，人们在庭院里纳凉；中秋节，搬到院子里的案桌上摆放着糕点、水果、酒壶，阖家赏月，其乐融融。宅院人家逢到婚丧嫁娶，庭院里会搭设大棚以招待亲眷客人。也有的人家为避炎夏之暑而扎大棚，这样的大棚又称"天棚"。天棚以杉嵩和芦席扎成，有的还在棚顶扎出可以卷起的天窗。老北京民谚有"天棚、鱼缸、石榴树，秋千、肥狗、胖丫头"之语。

垂花门

纵向连接型的四合院，在北京最具代表性的是"二进院"。

"二进院"，就是一座宅院有前后两个院子。在一进院倒座房之北，修一道墙，将倒座房和正房之间的庭院隔成了前后两个院子，形成了二进的外宅和内宅。前院，也就是有倒座房的院子，多为东西长、南北窄的长方形。前院和后院之间有墙相隔，隔墙正中有垂花门。

垂花门，是内宅的入口，建在整个四合院的中轴线上。垂花门的门名出自它的建筑形式——它的正面，也就是朝着倒座房的

一殿一卷式垂花门

方向，有两根不落地的悬柱。悬柱下端，有莲蕾样的垂珠，垂花门由此得名。垂花门可分为"屋宇式"和"墙垣式"（随墙式）两种。

较大的屋宇式垂花门，用勾连搭屋顶；朝外的一面有脊，后半部则是卷棚顶。这样的垂花门，被称为"一殿一卷式"。从外面，也就是从前院看，垂花门就是一座华美的门；从里面，也就是从正房前的庭院看，垂花门如同一座亭子。精细的砖雕、木雕、石刻、油漆彩画，使它成为四合院中最讲究建筑艺术的建筑物。

垂花门的内部有绿色的屏门，并于红色的斗方中写"平安如意"等黑色的字。屏门平时关闭，居住者出入走垂花门内的两侧；若是垂花门进深浅，居住者出入走两侧的游廊。

廊

垂花门里的两侧,多建有与厢房及正房相连的廊。这种廊,也叫"游廊"。正房和厢房前边的廊,在屋檐之下,所以称为"檐廊"。正房和厢房之间的廊须拐 90 度角,就像两只手抄起来,因此称"抄手游廊";抄手游廊的拐角处形成一个窝,名为"窝廊"。

居住者在游廊内行走,可遮雨雪和日晒;游廊有坐凳栏杆,用于居住者休闲。

游廊

后罩房

顾名思义,三进院的四合院内有三个院子。三进院是在二进院的基础上,在正房之后建一排坐北朝南的后罩房,正房和后罩

后罩房

房之间有一个东西长、南北窄的小院。

后罩房是四合院正房之后,也就是正房之北的一排坐北朝南的房子。这排房子的间数多与正房相等,其两侧也建有耳房,其高度和进深与正院有一定差距。院后有胡同的后罩房,其西边的第一间或第二间,为四合院的后门。依照旧时的风水理论和古籍《宅经》的定位,老北京四合院的后门设在整个院落的西北角,也就是"乾"位。

旧时,后罩房为女眷和女仆的居所,也用于储藏杂物。

如果去掉后罩房,把庭院再向后延伸,加盖正房与厢房,则此处的正房与前面的正房形成"前堂后寝"的格局。在这进庭院的后面再设置后罩房,便形成四进院落。

"横向连接"的四合院有三种。

第一种,跨院式。以三进、四进四合院为主体,又在宅门内的东侧,也就是宅门与影壁之间的东墙上开一个门,门内建一个小院，便成为"跨院式四合院"。小跨院里，有的只建一排朝西的东房，也有的在小跨院南建倒座房。

第二种，两院并列式。一组两座基本相同的多进四合院并列在一起，内里沟通，构成一户人家的宅院，为"并列式四合院"。由于是双院组合，所以整个宅院有两个大门。这其中，位于整个宅院中间部位的宅门为整个宅院的主门。这一组四合院，一个院左侧的东厢房与另一个院右侧的西厢房背靠背而建，其屋后墙的两面，分别是东厢房的屋墙和西厢房的屋墙。

第三种，多院组合式。多个院落横向连接组合的四合院，为"多院组合式"。按照封建社会的定制，一般人家不能建造和居住多院组合的宅院，但王府不在其限。在现存的比较完整的多院组合院落中，位于西城区前海西街的清恭王府为代表性的建筑。恭王府有中、左、右三路多进院，三路院之间，有圆形的"月亮门"相通。整个宅院之后的后罩房，为一排拐到东西两侧的两层楼，有"九十九间半"之称。后罩房之后是王府花园。

晚清以后，北京的一些四合院开始出现中西结合的建筑，西式宅门也开始出现。中西结合的房屋，比较明显的变化是：原来的纸顶棚改为抹灰顶，砖地改为木板地，窗户改为外推式，有的倒座房被改为汽车房，宅门、窗户的雕饰及外檐、内檐上的装修具有西洋风格等。除四合院外，北京的胡同里还有一些"三合院"。三合院也是合院，但只有三面房屋，多数规模很小。坐北朝南的三合院，有一排正房，有东厢房和西厢房，南边是围墙或是另一宅院的正房（后罩房）的后墙。三合院多见于南城。

北京的"大杂院",大约出现在清末民初。1911年辛亥革命以后,众多的京郊及外省人口进入城内,造成住房紧张。与此同时,失去皇银俸禄的旗人生活发生困难,不得不将祖产或家居对外典当或者出租。从此,四合院开始打破独门独院、聚族相居的居住形式。北洋政府期间,军阀混战,民不聊生,一些房主也开始将自家所住的四合院里的空房出租;与此同时,一些荒废的寺院被无房的人群占住。这样,多家居住的"大杂院"开始形成。

中华人民共和国成立后,社会结构再一次发生巨大的变化。在这种社会变革的大背景之下,北京城里的居住成分也发生了巨大变化。伴随着时代的进程和人的生活观念的改变,昔日三世同堂、四世同堂的大家庭开始向五口之家的"主干家庭"和三口之家的"核心家庭"转化。人民翻身得解放的现实和人口的迅速膨

大杂院

胀，使北京城内的多数四合院依旧保持一家为宅的状态难以为继。一些人去宅空的四合院变成了机关宿舍，一些多余的房屋被房主腾退出来对外出租，具有几百年历史的独门独户的四合院格局被打破了。四合院里的人口越来越多，私自搭建的住房和厨房使昔日的庭院空间越来越小，有的甚至变成了狭窄的院中"胡同"。这样，北京多数四合院就变成了"大杂院"。

院墙

院墙是连接四合院四周各房屋形成围合状院落的围墙。北京传统四合院的围墙基本上是用青砖砌筑。砖的摆砌方式以顺砖十字缝为主，砌筑工艺为淌白和糙砌为主，也有部分院墙采用丝缝。在北京的山区，有的院墙使用石头垒砌，形式以毛石干垒为主。

附设物

除了四合院、三合院等宅院建筑以外，老北京胡同里还有一些附设物，如上（下）马石、拴马桩、泰山石敢当、牌楼、栅栏、过街楼等。

上（下）马石

上马石，也叫"下马石"，它是以马代步时代用来上马、下马的石头。这种石头有两种：一种为简单方形与长方形的石块，再一种为阶梯形状的石头。其石以汉白玉或大青石居多。梯形石分两级，一级约高一尺三寸，二级约高二尺一寸，合高三尺四寸；宽约一尺八寸，长约三尺。

上（下）马石

上马石大多左右对称地摆在宅门两侧，有的石上雕有纹饰图案。封建时代并不是所有的人都有马可骑或可以骑马，因此只有豪门大宅的屋宇门外，才会安置上马石。

拴马桩

与上马石相配的是拴马桩。顾名思义，拴马桩就是用来拴马的桩子。常见的拴马桩也有两种形式：一种是独立式的，固定在上马石附近。简单的拴马桩是石柱，复杂的拴马桩做成石碑形状。再一种为"石洞式"拴马桩，它固定在宅院倒座房的后檐柱上。

独立式拴马桩

泰山石敢当

具体做法是，在檐柱距离地面一定的位置上安装一只铁环，砌墙的时候，对着铁环砌一个方形石口。马的缰绳就拴在铁环上。

泰山石敢当

泰山石敢当，是流行于中国北方的镇宅物。旧时北京的胡同口或院落的墙根儿旁经常可见上面镌刻"泰山石敢当"五个字的长方形石碑，名为"泰山石敢当"。

"石敢当"是我国古代民间传说中的石神，据说原是古代的大力士，后来被人们神化。"石敢当"一词最早见于汉代典籍，取所向无敌之意。石敢当没有神像，它的形象是胡同口或大宅门墙角或镶嵌在墙里的长条石，上写"泰山石敢当"，也有的长条石上刻虎头图案。

"石敢当"与"泰山"相结合，其原因一说，北京百姓的保护神是泰山东岳大帝的女儿碧霞元君，大力神加上东岳大帝的威名，胡同和宅院就可以保平安了。又说，京师顺天府护墙角的"石敢当"之石是从泰山移来的,"泰山"为五岳之首,古人视其为高山的代表,并用来比喻敬仰的人和重大的、有价值的事物,所以"泰山石敢当"可以保护整个顺天府。于是,为镇邪压灾,老北京胡同里的"石敢当"也刻上了"泰山"二字。

老北京旧俗,正月初十是祭"石敢当"的日子。

栅栏

"栅栏",也就是栅栏门。没有了坊墙防护的胡同是敞开的,为了防盗及便于控制,明清时期在许多街巷胡同口安装了木制的或铁制的栅栏。这些栅栏,白天开启,夜晚关闭。据有关资料记载,在清乾隆年间,北京街巷胡同口的栅栏多达1700余道。日久天长,北京的栅栏渐渐消失了,但一些"栅栏"就成了当地的地名,如"双栅栏""三道栅栏"等。最著名的,当数前门外的商业街"大栅栏"。此外,在西长安街原双塔寺东也曾有一条名为"大栅栏"的胡同。据说,当年这条胡同的把口处设有栅栏门。

牌楼

"牌楼",也称"牌坊",古称"绰楔"。它起源于秦汉时期的都市里坊。坊有围墙,开坊门;坊门由立柱撑起的出檐门楼构成,立柱多以石制的基座而树立牢固。后来,它成为建在街市要冲或名胜之处的装饰性的建筑物,有木制、石制和琉璃制。常见的基座有五种，即方墩形、条形、抱鼓石形、矩形、小方形，其大小以牌楼的规模而定。北京的牌楼，一般建筑形式为"三门、四柱、七重楼"，即四根立柱（中间两根高，两边两根低）、三个门洞（中间高，两边低），三个门洞之上有三个大的出檐门楼，在三个大门楼之间、四柱之上，又有四个小出檐。这里的"楼"为小出檐门楼。也有一门两柱的牌楼，为"单牌楼"；四门五柱的，为"四牌楼"。据载，在清末，北京的街巷胡同上有牌楼27座。其中最著名的为东单牌楼、西单牌楼、东四牌楼、西四牌楼、前门五牌楼、东长安街牌楼、西长安街牌楼。

"东单牌楼"，简称"东单"，原位于今东单十字路口稍北的街心。它始建于明代，为三门、四柱、木结构冲天牌楼，檐下施如意斗拱。在明代，其坊额书"就日"二字，清代改为"景星"。该牌楼在1900年八国联军入侵北京时毁于战火。清光绪二十八年（1902），依照《辛丑条约》，清政府被迫在东单路口以北为死于义和团运动的德国公使克林德建"克林德牌坊"。该牌坊为汉白玉制。1918年，德国在第一次世界大战中战败，北京市民将此牌坊拆毁。1919年，民国政府责令德国将此牌坊修好后，将其

东单牌楼旧影

移至中央公园（今中山公园）内，更名为"公理战胜坊"。1952年，该牌坊更名为"保卫和平坊"，匾额上的"保卫和平"四字为郭沫若书题。

保卫和平坊

"西单牌楼"，简称"西单"，原位于今西单十字路口中心偏北。它始建于明代，为三门、四柱、木结构冲天牌楼。在清代，其坊额书"瞻云坊"，民国时期改为"庆云"。1923年，因交通问题这座牌楼被拆除。

"东四牌楼"，简称"东四"。位于东四西大街、东四南大街、东四北大街和朝阳门内大街的交会处。十字路口的东西南北，各有一座始建于明代的三门、四柱、描金彩画木结构冲天牌楼；东边的牌楼上有"履仁"二字，西边的牌楼上有"行义"二字，南、北牌楼上有"大街市"三字。1934年，为便利有轨电车通行，牌楼增高举架，拆掉两侧戗杆，木柱改为混凝土结构。20世纪50年代，该牌楼因道路改造被拆毁。

"西四牌楼"，简称"西四"。建在十字路口，其北为西四北大街，其南为西四南大街，其西为阜成门内大街，其东为西四东大街。西四的牌楼与东四牌楼互为对仗，也呈口字形，分别对着四条街，为三门、四柱冲天牌楼。它的柱下有五尺高的汉白玉石柱，前后有斜撑油着大红漆的大"绑柱"。1934年，为便利有轨电车通行，牌楼增高举架，拆掉两侧戗杆，木柱改为混凝土结构。20世纪50年代，该牌楼因道路改造被拆毁。

东长安街牌楼在1948年被拆除，西长安街牌楼在扩展长安街时被拆建到陶然亭公园内，在"文化大革命"期间被毁坏。

东长安街牌楼旧影

昔日前门桥头正对箭楼的"五牌楼"，为"五门、六柱、十一层楼"。1943年，五牌楼的木柱被改换为水泥柱；20世纪50年代末，五牌楼被拆除。2008年，随着前门大街改造工程的开展，前门五牌楼复建亮相。

安定门内成贤街（现名"国子监街"）内的"国子监街牌楼"，为现今北京内城唯一留存完整的街巷古牌楼。它由一组四座牌楼构成，街中段有两座，额上书"成贤街"三字。这里的牌楼原为木制彩绘，柱为朱红漆出头冲天式，绿琉璃瓦楼顶，正脊两端有吻兽，垂脊顶端置小兽。

成贤街牌楼

国子监牌楼在民国时曾重修，木柱改为水泥柱；20世纪80年代，牌楼重新油饰。

过街楼

过街楼，也叫"跨街楼"。据建筑文献载，秦代已出现了名为"阁道"和"复道"的跨街楼式的建筑。阁道是单层的，复道是双层的，都如同架空的封闭着的廊子。与后来的跨街楼相比，阁道和复道更长，一般的跨街楼只有一间到三间的长度。

老北京也不乏"过街楼"建筑物。20世纪60年代，在前门外东西走向的东珠市口大街，珠市口公共汽车站和三里河公共汽车站之间，有名为"过街楼"的一站。这一地名，是因东珠市口

观音院过街楼旧影

西段路南的胡同里曾建有过街楼。20世纪90年代,宣武区儒福里还保留着一座过街楼。它跨越街道,连通两侧楼阁式建筑,其西连着观音院,被称为"观音院过街楼"。1997年,因危房改造,观音院过街楼被拆除。

污水沟

元建大都,开始在主要的街巷胡同中铺设污水沟。据有关文献载,当时的污水排放沟修建在主要街道和居民区的地下,为暗沟形式。暗沟与地面上修建的渗井相通,污水倒入渗井后流入暗沟,再通过暗沟流向水关和河道。

明代,京城水关盖火铺,设通水设备,暗沟淤塞时派人疏通。

胡同里，每年春分时节由"淘夫"淘挖渗井淤泥，疏通暗沟。这些污水沟，清代沿用，但因年久失修，经常淤塞。外城新的居民区，少有排污设施；晚清和民国时期一些自行处理污水的贫民窟，形成了许多污水沟和垃圾堆，如南城的龙须沟。

中华人民共和国成立以后，北京的城市排水沟全部进行了改造、更换和重建，昔日街巷胡同里的渗水井也被上覆铁制或水泥制箅子的排水口取代。

水窝子

老北京一些胡同里的水井旁，建有被称为"水窝子"的窝棚，那是负责看井并为大户人家挑水送水的人住的地方。

清代胡同里的水井为"官井"，由兵营里的伙夫管理，居民可以从井中取水或雇人挑水。清代没落以后，原来兵营里管理水井的伙夫开始承租水井，成为"井主"。井主雇水夫送水，水夫则在水井旁搭建窝棚作为住处。水夫搭建的窝棚，俗称"井窝子"或"水窝子"。水夫以独轮车送水，车的左右安放两个可灌水和放水的水柜，到用水的宅门外，水夫以木桶将水挑入户内。由于井主和水夫多为山东人，胡同里的人称其为"老三哥"（不取山东武大郎，也不取英雄好汉武二郎的名号）。此外，"老三哥"还有"水塞儿""水三儿""三儿哥"的外号。

清光绪三十四年（1908），清廷颁旨：由直隶总督筹拨白银十五万两，在北京设立自来水公司。自此，城内水井和水窝子逐

水夫推车送水

渐废弃，并被填平、拆毁。

20世纪60年代中期，北京老城区的街巷胡同里全部实现了自来水进胡同、进院。

厕所

战国时期，蓟燕地区的宅院已有设置"户厕"的记载。"厕"，也作"猪圈"，《汉书·燕刺王旦传》有"厕中豕"之语。元代，大都城内的宅院里普遍建置户厕。明代的一进四合院中，厕所设在整个宅院的西南角；二进和多进四合院一般设两座厕所，前院的用于男性，后院的用于女性。

在街巷胡同里出现"公厕"的时间，应该在清代以前。清顺治初年，清廷下令在皇城四周、南海、中海、西海皇家园林附近及积水潭周边不得建置街头公厕。有关资料称，清宣统三年（1911），北京城区有官建公厕3座，私建公厕5座。民国以后，北京街巷胡同里的公厕迅速增多。据有关资料记载，1912年至1933年，北京城内官建、自治坊建及私建公厕共计627座。

老北京的厕所，在民间称为"茅房"或"茅子"。当时胡同里的公厕有带顶的屋式，也有无顶的露天式。带顶的厕所，多为官建。露天公厕，以砖头砌成半人高的矮墙，里边挖坑，坑里埋置小缸，缸前以砖砌尿道。这些公厕并不是公办的，而是大多为经营粪场子的场主所建。工人背粪桶拿粪勺沿街巷胡同或进四合院淘粪。

中华人民共和国成立以后，北京取消了露天厕所，街巷胡同里的厕所全部改为带顶屋式。20世纪50年代和60年代初，一些四合院里依然有厕所。1964年，北京城区开始以公厕取代户厕。1974年，户厕基本上被公厕所取代。粪车和粪桶等则被带有吸管的清洁车所取代，多数厕所改为水冲式。

胡同撷英

北京的胡同千变万化，有许多之最：最短的胡同是一尺大街；最长的内城胡同是交民巷（包括东交民巷、西交民巷）；最窄的胡同是钱市胡同，最窄处仅为40厘米；拐弯最多的胡同是九道弯胡同；有记载的最古老的内城胡同是砖塔胡同，至今已有700余年历史……胡同里既住着普通老百姓，也居住过很多历史名人。这些名人故居散落在胡同里，不仅留下了精美的建筑，还留下了许多故事……

砖塔胡同

砖塔胡同

  砖塔胡同位于西城区丰盛地区东北部。东西走向，东起西四南大街，西至太平桥大街。全长805米，均宽4米。

  元代始称砖塔胡同，因东端南侧有万松老人塔，故名。今塔保存完好，20世纪80年代中期重新整修，现为北京市文物保护单位。

  鲁迅1923年8月2日至1924年5月20日曾寓此胡同64号院。95号院为作家张恨水故居。

豆腐池胡同

豆腐池胡同位于东城区钟楼北侧,呈东西走向。东起宝钞胡同,西止旧鼓楼大街,南与钟楼湾胡同相通,北与赵府街相通。全长477米,宽5米,沥青路面。

豆腐池胡同,明代属金台坊,称豆腐陈胡同,因此地一陈姓豆腐商生意极为兴隆,故而得名。清代属镶黄旗,乾隆时称豆腐池胡同,宣统时以赵府街为界,东段称豆腐池,西段称娘娘庙。1947年东段称豆腐池胡同,西段称娘娘庙胡同。1949年后沿称。

豆腐池胡同杨昌济故居

1965年整顿地名时将娘娘庙胡同并入，称豆腐池胡同。"文化大革命"中一度改称朝红胡同，后恢复原名。

豆腐池胡同15号（旧时的门牌号是9号）为毛泽东的岳父杨昌济在北京大学任教授时的住宅，当年大门上曾挂着"板仓杨寓"的铜制门匾。毛泽东早年在此居住过。

该院坐北朝南，二进院落。东南隅开门，如意大门一间，清水脊，合瓦屋面，脊饰花盘子，门头装饰有花瓦，红色门板两扇，门板上原有门钹一对，现仅存一个。梅花形门簪两枚，方形门墩一对，前出踏跺五级。大门西侧倒座房三间，清水脊，合瓦屋面，脊饰花盘子。

一进院正房三间，清水脊，合瓦屋面，脊饰花盘子。东厢房二间，西厢房三间，现均已改为机瓦屋面。二进院后罩房四间，为合瓦屋面，后改机瓦屋面。灰顶平台房半间。南北房之间有一隔墙，中开四扇屏门，靠东墙有一株枣树。

杨昌济（1871—1920），又名怀中，字华生，湖南长沙人，杨开慧之父，毛泽东的老师。1918年6月，杨昌济被北京大学聘为文科哲学教授，全家从湖南迁京居住在此。杨昌济夫妇及女儿杨开慧住外院，其子杨开智住里院。外院北房为居室，一明两暗，中间明间为堂屋，杨昌济夫妇住东里间，杨开慧住西里间。南房隔成两明一暗，西边的二间为明间，作为客厅。东边的一间为暗间，供客人临时居住。1918年8月，毛泽东来京，与蔡和森曾同住在南房靠院门的单间里，后来毛泽东在北京大学图书馆当管理员时，经常到该院拜访杨昌济。

杨昌济任北京大学教授期间，讲授伦理学。任教期间，协助蔡和森等筹措赴法勤工俭学旅费，介绍毛泽东去北大图书馆工作，以"欲栽大木拄长天"诗句明志。1919年，杨昌济与同人发起组织北大哲学研究会，著有《治生篇》《劝学篇》《伦理学之根本问题》《各种伦理主义之略述及概评》等，译有《西洋伦理学史》等书。他最钟爱的两个学生蔡和森和毛泽东实现了他"欲栽大木拄长天"的宏愿。

1984年，豆腐池胡同15号作为"杨昌济故居"公布为东城区文物保护单位。现为居民院。

国祥胡同

国祥胡同位于东城区旧鼓楼大街东侧，呈东西走向。东起宝钞胡同，西止赵府街。全长227米，宽6米，沥青路面。

国祥胡同，明代属金台坊，称锅腔胡同。清代沿称，属镶黄旗，宣统时称国祥胡同。民国后沿称。清代胡同内有蒙古王爷进京朝拜时居住的如意馆。

2号为清末和硕亲王那彦图府第（俗称那王府）的一部分。该院坐北朝南，为原那王府中路最北边的两个并排的院落，仅存二进院落。原大门已拆，现大门为后开，位于院落西北角，北向，鞍子脊，合瓦屋面，红色板门两扇，前出如意踏跺三级。

那王府东门

西路：过厅三间，四周带回廊，歇山顶过垄脊，筒瓦屋面，明间为龟背锦五抹隔扇门，次间为龟背锦玻璃窗，上有龟背锦横披窗，廊部、檐部均有苏式彩绘，前后各出垂带踏跺四级。正殿前出三间抱厦，卷棚顶筒瓦屋面，带披水，前檐及木构架绘有苏式彩画，前出垂带踏跺四级，带倒挂楣子、坐凳楣子。正殿五间，前后出廊，两卷勾连搭过垄脊，筒瓦屋面，带披水、铃铛排山，老檐出后檐墙，前后檐及木构架均绘有苏式彩画。明、次间与抱厦相连，梢间廊部带倒挂楣子、坐凳楣子。明间为五抹隔扇门，龟背锦棂心，前带帘架，上带横披窗；次间、梢间为支摘窗，上带横披窗，象眼处雕有万不断纹饰。后檐明间为夹门窗，次、梢间为支摘窗，龟背锦装修，明间北出如意踏跺三级。正殿东西两侧各带耳房二间，过垄脊，筒瓦屋面，带披水，箍头彩画，工字步步锦棂心装修,西耳房东侧半间辟为过道。东配殿为过厅连接东西两院,三间,前后出廊,过垄脊,筒瓦屋面,带披水、铃铛排山,前后檐均绘有苏式彩画,明间为卧蚕步步锦棂心隔扇风门;次间为支摘窗,东西各出垂带踏跺三级。西配殿三间,前后出廊,过垄脊,筒瓦屋面,带披水、铃铛排山,前檐绘有苏式彩画,明间为卧蚕步步锦棂心隔扇风门,次间为支摘窗,前出垂带踏跺三级。院内有回廊相连各房。

东路:一进院有一殿一卷式垂花门一座,带大花板、雀替,走马板绘有彩画,门上梅花形门簪四枚,红色板门两扇带门钹一对,门前门墩一对,前出垂带踏跺四级,内置屏门四扇。正房五间,过垄脊,筒瓦屋面,带披水、铃铛排山,前出廊,前檐绘有苏式彩画,明间为隔扇风门;次间、梢间为支摘窗,其上均带横披窗,前出垂带踏跺五级。正房两侧各一间耳房,过垄脊,筒瓦

那王府垂花门

屋面，前檐籏头彩画，卧蚕步步锦棂心装修。东配殿三间，过垄脊，筒瓦屋面，带披水、铃铛排山，前出廊，前檐绘有苏式彩画，明间为隔扇风门；次间为支摘窗，其上均带横披窗，前出垂带踏跺五级。南侧有耳房二间，过垄脊，筒瓦屋面，带披水，卧蚕步步锦棂心装修。西配殿即东路的东配殿。院内有回廊相连各房。二进院后罩房七间，过垄脊，筒瓦屋面，带披水、铃铛排山，前出廊，前檐绘有苏式彩画，明间及梢间为隔扇风门，明间前出垂带踏跺三级，梢间前出如意踏跺三级，次间、尽间为支摘窗，象眼处有砖雕。

按照金寄水、周沙尘合著《王府生活实录》的说法："那王府，是外蒙古亲王在北京仅有的一处王府。"第一代亲王策凌的封号为"蒙古喀尔喀大扎萨克和硕赛音诺颜亲王"，因有"超勇"赐号，王府亦称"超勇亲王府"。又因最后一代亲王名叫那彦图，王府遂有"那王府"的俗称。另据《燕都丛考》记载："超勇亲王府在宝钞胡同。案：王讳策凌，尚纯悫公主，圣祖十女额驸也（谥曰襄），配享太庙。按：今其后人那彦图袭爵，府曰那王府。"

宝钞胡同西侧的那王府，坐北朝南，南北贯通国兴胡同和国祥胡同。王府南面，临街建有面南的府门（宫门）三间，作为王府的正门。府门东、西两侧各有阿斯门一座。

进入正门有一座木质影壁。影壁后面正殿五间，建筑宏伟、结构紧凑，均按宫内殿宇形式建造，只是规模小些。这里是那王府举行婚丧大典之处。后面一进大殿，是清室下嫁来的公主居住的，殿前各有东、西配殿，后面有罩房。这些殿堂与正门处的总管处、回事处、随侍处连缀在一起，形成了一个大单元。

那彦图住的是位于府内东北隅的一所院落。内中主房五间，前出抱厦三间。室内的家具均为金丝楠木，按照室内的形式分别制造。会客厅设在西院，上悬"缀云轩"匾额。办公处则上悬"辑熙堂"匾额。这两处房子也都是正殿五间，室内摆着红木镶螺钿的家具，陈列着古铜彝器、文玩书画等物。"辑熙堂"藏着《大清会典》及那王衙门的档案，其中最多的则是有关蒙古事务的文书、档案等。儿子祺诚武会客的地方，则是由进口的沙发、钢琴和西式家具布置的客厅。

王府西北隅的花园内有假山和花木，另有小楼一座，前面主墙贴着粉色瓷砖，仿照新疆蒙古亲王帕勒塔府内的小红楼建造。府外另有两所房子，靠西边的是一座寺庙，原名高公庵。内有大殿三间，供有泥塑的佛像。另一所在东阿斯门对面，是王府的马号，有房50多间，养着80多匹由蒙古部落送来的高头大马，还存放着十几辆大、小鞍车，以及那彦图买的五辆汽车和四辆四轮马车。

与京城内的满洲王府、内蒙古王府相比，那王府保持着明显的蒙古习俗。每年腊月二十三，都在王府的佛堂院内搭一座大蒙古包，中间生一个大火炉，主人率领府内的喇嘛和其他人等，围着火炉唪经。

清末，那彦图连任高官，在府后购买地皮，扩建了几座院落。那时，全府共有房屋320余间。房与房、院与院都用抄手游廊连接在一起，气势更加宏伟。

辛亥革命后，那彦图失去了以往丰厚的经济来源，不得不东挪西借艰难度日。据王之鸿《国祥胡同甲2号——那王府》记载，那彦图赌场失利，一夜之间将王府以2万元押给西什库天主教堂用于抵债，到期无力还款反而再向教堂神甫包世杰借款7万元。1931年，包世杰为讨债将那彦图诉至法院。两年后，那彦图败诉，迁出了那王府，租住在豆腐池胡同4号。

20世纪40年代，教堂将那王府转给金城银行、精神病院。中华人民共和国成立后，一部分归北京市人民银行，一部分为鼓楼中学、第七幼儿园等单位。

此院1984年公布为北京市文物保护单位。现为单位用房。

炒豆胡同

炒豆胡同位于东城区地安门东大街北侧，呈东西走向。东起交道口南大街，西止南锣鼓巷，北有二支巷通板厂胡同。全长463米，宽5米，沥青路面。

炒豆胡同，明代属昭回靖恭坊，称炒豆儿胡同。清代属镶黄旗，沿称，宣统时称炒豆胡同。民国后沿称。1965年整顿地名时将安宁里并入，改称交道口南九条。"文化大革命"中一度改称大跃进路头条，后恢复原名。1979年称炒豆胡同。73号、75号、77号原为僧格林沁王府的一部分，皆坐北朝南，四进院落。清代建筑。

73号院：该院前后四进院落，院落东南隅开门，广亮大门一间，过垄脊，合瓦屋面，现已封堵。大门西侧倒座房五间，过垄脊，合瓦屋面。一进院内西配房三间。二进院正房五间，过垄脊，合瓦屋面，前檐装修为现代门窗。东、西厢房各三间，过垄脊，合瓦屋面，前檐装修为现代门窗。三进院内正房三间，前出廊，两卷勾连搭，机瓦屋面，戗檐处有砖雕。正房西侧有耳房一间开为过道，通往四进院。过道廊柱间有冰裂纹倒挂楣子，檐柱间内有卧蚕步步锦棂心装修。三进院内环以游廊，四檩卷棚顶覆盖灰筒瓦，方柱，柱间装饰有工字卧蚕步步锦棂心倒挂楣子。四进院后罩房十一间，过垄脊，合瓦屋面，封后檐墙，前檐绘有苏式彩画及箍头彩画，西数第二间开如意门一间，第四、第七间为隔扇门。

75号院：该院前后三进院落，院落东南隅开门，广亮大门一间，

僧王府正殿

过垄脊，灰筒瓦屋面，红色板门两扇，门上梅花形门簪四枚，门前门墩一对，墀头处雕刻有花篮，大门象眼处有砖雕。大门西侧有倒座房六间，过垄脊，合瓦屋面，前檐装修为现代门窗。迎门一字影壁一座，硬心做法。一进院北房七间，明间开为过厅，前檐装修为现代门窗。二进院垂花门一座，院内正房三间，前出廊。正房两侧耳房各二间。东、西厢房各三间，前出廊，南侧带耳房一间。三进院现为板厂胡同32号，院内正房三间，前出廊，过垄脊，灰筒瓦屋面，前檐装修为现代门窗。

77号院：即板厂胡同34号。

清道光六年（1826），著名将领僧格林沁出银6690两，认买前任杭州织造福德入官的房屋117间并进行改建，与西部的原府连在一起，构成由东、中、西三所四进院组成的王府。其中东所除正院四进外，还有东院四进。东所的大门被改建成五脊六兽三开间的府门，以符合亲王府制。王府的正殿仍在中所正院。

僧格林沁（1811—1865），蒙古族，成吉思汗的胞弟哈撒尔的第二十六代孙，曾任御前大臣、领侍卫内大臣都统。因剿灭太平天国北伐军有功，晋封亲王，世袭罔替。后在和捻军的作战中被杀。僧格林沁死后，其长子伯彦讷谟祜袭爵，此府遂称"伯王府"。伯彦讷谟祜死后，因其长子那尔苏早死，故由其长孙阿穆尔灵圭袭爵，此府又称"阿王府"。阿穆尔灵圭曾任清廷銮仪卫大臣，清廷退位后又曾任民国的国会议员，家道日趋衰落。阿穆尔灵圭死后，因欠族中赡养费而被控告，法院受理公开拍卖"僧王府"。该府西部成为温泉中学，中部卖给了朱姓人家，东部除留一部分为阿穆尔灵圭之子和琳自住,其余卖给了西北军。1954年,煤炭部买下原"僧王府"的大部分院落作为宿舍。

该院1986年公布为东城区文物保护单位,2003年12月公布为北京市文物保护单位。

帽儿胡同

帽儿胡同位于东城区地安门外大街东侧,呈东西走向。东起南锣鼓巷,西止地安门外大街,南与东不压桥胡同相通,北与豆角胡同相通。全长585米,宽7米,沥青路面。

帽儿胡同,清代属镶黄旗,称帽儿胡同。民国后沿称。"文化大革命"中一度改称辉煌街四条,后恢复原名。原胡同内有文昌庙、斗姥宫(又名斗母宫)、显佑宫,今均已无存。

5号四合院,2001年公布为北京市文物保护单位。35号、37号原为末代皇帝溥仪的皇后婉容大婚前居所,俗称娘娘府,分东西两路,西路为府邸,有四进院落;东路为花园,有三进院落,院内有花厅。1984年公布为北京市文物保护单位。13号院曾为北洋军阀冯国璋的住宅。45号院原为明代锦衣卫的北镇抚司,俗称北衙门,清代为步军统领衙门,民国时曾为保安警察队部,今为中央实验话剧院。现胡同内有帽儿胡同小学等单位,余为居民住宅。

可园

帽儿胡同7号、9号、11号、13号,是一座带有私家园林的大型四合院建筑群。宅院的东路和中路以园林为主,西路以住宅为主,各建筑群体之间既独立又相互联系。

7号院:分为东路和西路。东路建筑改建严重,古建筑仅存一座三间的北房和一座七间的后罩房。西路:大门一间,过垄脊,筒瓦屋面,大门装修为现代新作,门前为礓磜坡道。大门西侧倒座房四间,过垄脊,合瓦屋面。院内堆砌假山一座,假山上敞轩一座,三间,歇山顶,筒瓦屋面。假山西侧有廊子与9号院的假山相通。假山北侧一座民国时期二层楼房。楼房北侧后罩房五间,

可园

披水排山脊，合瓦屋面，大木构架绘箍头彩画，前檐装修为现代门窗，室内木地板，碧纱橱保存。

9号院：此院是可园的花园部分，分为前后两院，两院以院子东部的长廊贯通。一进院：大门位于院落东南隅，经过现代改造。大门西侧倒座房五间，前出廊。大门与倒座房之间有门房一间。入门后过其东侧通道为一座假山，山南有一条小径，尽头向北折有一座山洞，上横一块青石，刻"通幽"二字。过山洞有两条卵石甬路。分别通向北房及东廊敞轩。过小石拱桥右行可至另一座假山。院内前部正中垒筑有假山一座，假山上六角亭一座，六角攒尖顶，筒瓦屋面，花脊，宝顶，大木架绘苏式彩画，柱间带倒挂楣子及花牙子，坐凳楣子。假山北侧不规则"U"字形曲折水池一方，水池西部架设单孔拱桥一座，荷叶净瓶桥栏板，方形柱

可园中厅

头。院内北侧正中为花厅五间，前后廊，披水排山脊，合瓦屋面，红色圆柱，柱间带雕花骑马雀替，坐凳楣子，大木构架绘苏式彩画，前后檐明间均为隔扇风门四扇，上带横披窗，次、梢间为槛窗和支摘窗。明间前出垂带踏跺五级，前檐廊心墙开廊门筒子与两侧抄手游廊相连。正房两侧耳房各一间，披水排山脊，合瓦屋面。院落东西两侧有游廊，四邻卷棚顶，筒瓦屋面，绿色梅花方柱，柱间带倒挂楣子和坐凳楣子。东侧为爬山廊子，南半段中部建有方形亭子一座，坐东朝西，单檐四角攒尖顶，筒瓦屋面，红色方柱，柱间带雕花倒挂楣子和坐凳楣子，方砖墁地，砖石台基。廊子北半段中部建有敞轩一座，悬山顶，披水排山脊，筒瓦屋面，柱间带雕花倒挂楣子，下部有坐凳楣子。园中有太湖石、日晷、刻石等小品点缀于松槐浓荫之间。刻有可园园名及志和园记的碑文，镶砌在刻石座下。

二进院北侧正中为花厅三间，歇山卷棚顶，筒瓦屋面，柱间带有雕花雀替、坐凳楣子，前檐明间出垂带踏跺三级。花厅两侧耳房各二间，过垄脊，合瓦屋面。院落两侧有抄手廊子与正房相连。东侧廊子为爬山廊形式，其中部建有敞轩一座，筑于堆砌的太湖石之上，为全园的制高点，面阔三间，歇山卷棚顶，筒瓦屋面。前檐明间隔扇风门，次间槛墙、支摘窗，敞轩南、北、西三面出廊，廊间建有美人靠护栏，建筑的两侧接游廊。敞轩下山石堆砌成浅壑，有雨为池，无水为壑。

可园建筑墙面以砖墙为主，抹刷白粉，厅榭均为红色圆柱，廊子为绿色梅花方柱，梁枋上均为箍头包袱彩画，建筑檐下的倒

可园前院敞轩

挂楣子均为各式木雕，且各不相同，题材有松、竹、梅、兰、荷花、葫芦等。院内还保存有多株古树。

　　11号院：此院为住宅建筑格局和建筑单体，五进院落。大门位于院落东南隅，广亮大门一间，清水脊，合瓦屋面，红漆板门两扇，梅花形门簪四枚，圆形门墩一对，门前两侧有上马石，门前建有礓磜坡道。大门对面原来有影壁一座，现在已经无存。门内一字影壁一座。大门东侧倒座房二间，西侧五间，进深五檩，清水脊，合瓦屋面，前檐装修为现代门窗。一进院北侧一殿一卷式垂花门一座，前卷清水脊，筒瓦屋面，后卷为卷棚顶，筒瓦屋面，红漆板门两扇，方形门墩一对，前出垂带踏跺三级。二进院过厅三间，前后出廊，清水脊，合瓦屋面，前后檐装修均为现代门窗。明间出垂带踏跺五级。正房两侧耳房各二间，清水脊，合瓦屋面。东、西厢房各三间，前出廊，清水脊，合瓦屋面，前檐装修为现代门窗，明间前出垂带踏跺三级。东厢房后檐开一座门通向9号院花园。厢房南侧厢耳房各一间，清水脊，合瓦屋面。三进院由正房三间，前后出廊，皮条脊，合瓦屋面，木构架绘箍头彩画，前后檐装修均为现代门窗，明间前出垂带踏跺五级。正房两侧耳房各一间，清水脊，合瓦屋面。院内四周环以游廊。四进院正房三间，前后廊，清水脊，合瓦屋面，前檐明间隔扇风门，上带有横披窗，次间槛墙、支摘窗，明间前出垂带踏跺五级。东耳房二间，清水脊，合瓦屋面。东、西厢房各三间，前出廊，清水脊，合瓦屋面，前檐明间隔扇风门，次间槛墙、支摘窗。院内各房屋以抄手游廊相连接。五进院后罩房九间，清水脊，合瓦屋面，前檐装修为现代门窗，封后檐墙。

13号院：此院也是住宅建筑格局和单体建筑，五进院落，与11号院相似。大门位于院落东南隅，已毁。大门东侧倒座房二间，西侧四间，已翻建。一进院北侧垂花门以及两侧游廊已经拆除，在原址上新建了一座锅炉房。二进院正房三间，前后廊，披水排山脊，合瓦屋面。正房两侧耳房各二间。东、西厢房各三间，前出廊，披水排山脊，合瓦屋面。三进院五间正房，前后廊，披水排山脊，合瓦屋面。正房西侧耳房二间，东侧一间为过道。东、西厢房各三间，西厢房前后廊，东厢房除前廊外，进深不足一米，正中开一座门通11号院。四进院正房三间，前后廊，披水排山脊，合瓦屋面。正房西侧耳房二间，东侧连接北房三间。西厢房位置为一座敞轩，三间，明间前出悬山卷棚顶抱厦，东厢房面阔三间，前出廊。整个院落以游廊相连，并有一株枣树和三株柏树，均为百年以上古树。此院原来是后花园，西厢房下有池塘和山石，山石上还建有一座小亭子,可惜今亭、山、池均已无存。五进院后罩房十一间。

可园始建时仿苏州拙政园和狮子林。园北是大式硬山合瓦顶的正房五间,左右各带耳房三间,正房东廊北后园,有假山水榭。北面是五间前后廊的正房。全园南北长不过100米,东西宽不过30米,前园疏朗,后园幽曲,建筑物小巧多姿,有凉亭、水榭、暖阁、假山、走廊、拱桥、清池、怪石、花木、翠竹,布置精巧,错落有致。故园主人将其命名为"可园",意为"极可人意"。可园建筑均用灰色筒瓦,墙面以清水砖墙为主,未刷白粉,较为质朴。厅榭等均为红柱,长廊为绿柱。梁架上作苏式彩画,但并未满铺,仅在箍头、枋心包袱位置加以装饰。建筑檐下的倒挂楣子均为木雕,细致繁复,各不相同,主题有松、竹、梅、荷花、葫芦等,比寻常的步步锦棂心图案显得精美清雅。全园存在着明显的中轴线和正厢观念,布局疏朗有致,建筑精巧大方,山石玲珑,水池曲折,且有多株珍贵的松、槐、桑等古树,整体至今保存尚好,是晚清北京私家园林富有代表性的作品。

可园建成于清咸丰十一年(1861)夏,是刚从山东巡抚调任直隶总督的显臣文煜的府宅之园。可园本与帽儿胡同11号院文煜故宅相通,后因文煜子孙分割出售园、宅而被封堵,另于园之南墙辟一新门而自成一园。可园建成后,文煜命其侄兵部尚书志和撰文勒碑以记其事。此园不大,却诸景咸备,曲折幽静,在极狭长的空间中布景,却极尽湖山亭台之美,可谓备具疏朗幽曲之趣,景致实属可人。文煜身后,此宅被其后人售予北洋政府要人冯国璋。

冯国璋（1859—1919），字华甫，河北河间人。袁世凯任中华民国临时大总统后，冯国璋担任直隶都督兼民政厅长，后任江苏督军，曾反对袁世凯称帝。1916年10月经国会选举为中华民国副总统。1917年张勋复辟失败后，冯国璋以副总统代理大总统，1918年去职。冯国璋当民国代总统时，从文家买下了这两处宅子，下台后居住在这里。1919年12月28日，因伤寒不治，冯国璋在帽儿胡同去世。

抗日战争时期，可园又归伪军司令张兰峰。中华人民共和国成立后，此宅被分隔作不同单位的宿舍，其中9号、11号院还曾一度用作朝鲜驻华使馆。该院2001年公布为全国重点文物保护单位。

婉容故居

帽儿胡同35号、37号为末代皇后婉容的婚前住所。该院坐北朝南，东西两路院落，西路四进院落，东路三进院落。清代末期建筑。

原大门开于院落东南隅，大门三间一启门形式，铃铛排山脊，筒瓦屋面，前檐绘有箍头彩画。大门明间开门道现已封闭，改建为住房。大门东侧门房一间，西侧倒座房八间，西侧倒座房处开两门，一为35号，一为37号。

西路一进院北侧垂花门，檐下及花罩装饰有彩画，现已模糊

婉容故居大门

不清，红色板门两扇，门板上门钹一对，门上梅花形门簪两枚，门前门墩一对，前出踏跺一级。垂花门两侧有看面墙。

西路二进院过厅三间，前后出廊，过垄脊，筒瓦屋面，前檐装修为现代门窗。过厅两侧各有耳房一间，过垄脊，筒瓦屋面。院内有抄手游廊围合二进院。

西路三进院正房五间，前后廊，过垄脊，合瓦屋面，檐下有倒挂楣子及花牙子，前檐绘有苏式彩画及箍头彩画，现已模糊不清，明间为隔扇风门，工字卧蚕步步锦棂心，前出垂带踏跺三级。次间及梢间为支摘窗，盘长如意棂心。戗檐处有砖雕。正房两侧耳房各一间。院内东、西厢房各三间，过垄脊，合瓦屋面，前出廊，前檐装修为现代门窗。

西路四进院有后罩房七间。

东路为花园。一进院北侧有月亮门一座。二进院内有假山石。过厅三间，前出廊，两卷勾连搭，合瓦屋面，前后檐绘有苏式彩画及箍头彩画。明间为隔扇风门，前出垂带踏跺四级。次间有盘长如意棂心装修。二进院两侧各有一条游廊通往后院，游廊廊墙上开有什锦窗，梁架绘有苏式彩画及箍头彩画，装饰有卧蚕步步锦棂心倒挂楣子、花牙子及步步锦棂心坐凳楣子。东路三进院北房三间，过垄脊，合瓦屋面。

郭布罗·婉容（1906—1946），字慕鸿，别号植莲。此院是其祖父郭布罗·长顺所建，后其父郭布罗·荣源住在此，被称为荣源府。清光绪三十二年（1906）婉容生在荣源府，俗称娘娘府。当年婉容从天津返回北京，住在此院落，学习宫中礼仪。此院原只是较普通的住宅，婉容被册封为皇后后，其父被封为三等承恩公，该宅升格为承恩公府，作为"后邸"，加以扩建。西路正房即为婉容所居。正房五间内的隔扇、落地花罩雕镂精细。东院花厅装修基本保存原状，明间迎面墙满嵌巨镜一方，为婉容婚前演礼之处。1922年12月1日零时前后，迎娶婉容的凤舆出宫，前往帽儿胡同。从帽儿胡同到皇后宫邸，沿途观者数万，军警林立。汽车、马车、洋车难以计数。迎亲队伍有步军统领衙门马队、警察厅马队、保安马队、军乐两班……最后是皇后所乘的22抬金顶凤舆及清室随从。

1984年，帽儿胡同35号、37号宅院公布为北京市文物保护单位。35号院现为办公用房，37号院现为居民院。

黑芝麻胡同

黑芝麻胡同位于东城区鼓楼东大街南侧，呈东西走向。东起南锣鼓巷，西止南下洼子胡同。全长265米，宽5米，沥青路面。

黑芝麻胡同，明代属昭回靖恭坊，称何纸马胡同。清代属镶黄旗，宣统时称黑芝麻胡同。据传，此胡同有一何姓糊纸马者，开有一"七巧斋"作坊，故名。后人以其谐音讹称何纸马为黑芝麻。民国后沿称。"文化大革命"中一度改称辉煌街七条，后恢复原名。

13号原为清光绪时内务府大臣奎俊府。该院坐北朝南，两路三进院落。清代晚期建筑。

黑芝麻胡同

西路院落：东南隅开门，广亮大门一间，清水脊，合瓦屋面，脊饰花盘子，前后檐均装饰有雀替，红色板门两扇，门上有走马板及梅花形门簪四枚，圆形门墩一对，前出垂带踏跺六级。大门前两侧有上马石一对。门外有八字影壁一座，硬山顶，过垄脊，筒瓦屋面，硬心做法，中心原雕刻有字现已无存。门内迎门有一字影壁一座，硬山顶，过垄脊，筒瓦屋面，硬心做法，下端为须弥座。大门东侧倒座房二间，西侧倒座房八间半，清水脊，合瓦屋面，脊饰花盘子，前檐装修为现代门窗，老檐出后檐墙。

一进院北侧有二门一座，广亮门形式，清水脊，合瓦屋面，脊饰花盘子，戗檐及博缝头处有砖雕。前后檐柱间装饰雀替，红色板门两扇，门上有走马板及砖雕梅花形门簪四枚，圆形门墩一对，前出垂带踏跺四级。二门东侧北房二间，西侧五间，清水脊，合瓦屋面，脊饰花盘子，老檐出后檐墙，西侧北房明间前出如意踏跺三级。

二进院垂花门前有甬道，甬道东西两侧有如意踏跺两级。一殿一卷式垂花门，装饰有大花板、雀替，门上有砖雕梅花形门簪四枚，门前方形门墩一对。

三进院正房三间，前出廊，过垄脊，合瓦屋面，明间为五抹隔扇门，前带帘架，前出垂带踏跺四级，戗檐及博缝头处有砖雕。正房两侧耳房各一间，过垄脊，合瓦屋面。三进院东、西厢房各三间，前出廊，过垄脊，合瓦屋面，明间为隔扇风门，前出如意踏跺三级，戗檐及博缝头处有砖雕。西路东跨院的一进院正房三间，清水脊，合瓦屋面，明间前出踏跺三级。二进院北房三间，干槎瓦屋面，前檐装修为现代门窗。

东路院落：东南隅开门，如意大门形式，现已封闭，清水脊，合瓦屋面，脊饰花盘子，门上梅花形门簪两枚，门头装饰有花瓦，门前圆形门墩一对，博缝头处有砖雕。大门东侧门房一间半，西侧倒座房五间，封后檐墙。

一进院北侧一殿一卷式垂花门一座，清水脊，筒瓦屋面，脊饰花盘子，装饰有大花板、小花板、雀替、红色板门两扇，门上砖雕梅花形门簪四枚，门前方形门墩一对。

二进院正房三间，前出廊，清水脊，合瓦屋面，脊饰花盘子，明间为隔扇风门，前出垂带踏跺三级，正房两侧耳房各一间，清水脊，合瓦屋面，脊饰花盘子，东、西厢房各三间，前出廊，清

奎俊府垂花门

水脊，合瓦屋面，脊饰花盘子，明间为隔扇风门，前出如意踏跺三级。三进院北房七间，清水脊，合瓦屋面，脊饰花盘子，前檐装修为现代门窗。

三进院东、西各有平顶厢房一间。

东路东跨院倒座房三间，干槎瓦屋面，前檐装修为现代门窗，老檐出后檐墙。一进院北房三间，前出廊，过垄脊，合瓦屋面。二进院北房三间，鞍子脊，合瓦屋面，明间为夹门窗，前出踏跺一级。

奎俊（1843—1916），字乐峰，谥悫靖。清末满洲正白旗人，瓜尔佳氏，蒙古族。书法家，工书，近赵孟頫，得其精髓。曾历任四川总督、刑部尚书、内务府大臣等职。清光绪二十九年（1903）任理藩院尚书，先后任正白旗蒙古都统，兼任署都察院左都御史、刑部尚书、吏部尚书、内务府大臣，上驷院兼管大臣等职。宣统三年（1911）任内阁弼德院顾问大臣。

此院在民国时期为外交总长顾孟余居所。顾孟余，原名兆熊，清光绪十四年（1888）生于顺天府宛平（今北京市），原籍浙江。幼读译学馆，后留学德国，毕业于柏林大学。1917年回国，任北京大学教授兼文科德文门主任，继而任经济系主任兼教务长。在此期间，顾孟余积极为《新青年》撰稿。

该院2003年公布为北京市文物保护单位。现胡同内有黑芝麻小学等单位，余为居民住宅。

后圆恩寺胡同

后圆恩寺胡同位于东城区鼓楼东大街南侧,呈东西走向。东起交道口南大街,西止南锣鼓巷。全长444米,宽6米,沥青路面。

后圆恩寺胡同,清代属镶黄旗,乾隆时称后圆恩寺胡同,因胡同在圆恩寺背后而得名,宣统时称后圆恩寺。民国后沿称。1965年整顿地名时改称交道口南三条,"文化大革命"中一度改称大跃进路七条,后恢复原名。1979年称后圆恩寺胡同。

7号原为"恩园",民国时曾是蒋介石的行辕,中华人民共和国成立后,曾为南斯拉夫驻华大使馆,现为友好宾馆,1984年被定为北京市文物保护单位。

13号为著名文学家茅盾故居。该院坐北朝南,三进院落。民国时期建筑。

大门位于院落东南隅,如意大门一间,清水脊,合瓦

后圆恩寺7号四合院内

屋面，脊饰花盘子，红漆板门两扇，方形门墩一对，大门后檐柱间饰步步锦棂心倒挂楣子。迎门有座山影壁一座，影壁中心镶有邓颖超题"茅盾故居"金字黑底大理石横匾。大门东侧门房一间，西侧倒座房三间，清水脊，合瓦屋面，脊饰花盘子，倒座房明间装修为隔扇门，前出垂带踏跺两级。院内原有二门及看面墙，现已拆除。二进院正房三间，前出廊，清水脊，合瓦屋面，脊饰花盘子，前檐明间前出垂带踏跺三级。正房东侧耳房二间，东侧半间辟为过道，西侧耳房一间，清水脊，合瓦屋面。东、西厢房各三间，清水脊，合瓦屋面，脊饰花盘子，前檐明间前出踏跺一级。厢房南侧平顶耳房各一间。三进院后罩房五间，清水脊，合瓦屋面，脊饰花盘子，前檐明间前出垂带踏跺三级。后罩房东侧带耳房一间。三进院内东厢房二间，东侧一间为过垄脊合瓦屋面，南向开门，西侧一间为平顶房，西向开门。西厢房一间，为平顶房。

  茅盾自1974年后在此居住，现作为茅盾故居纪念馆对社会开放。茅盾（1896—1981），原名沈德鸿，字雁冰，生于浙江桐乡，中国现代文学家、社会活动家。1921年，茅盾参加了上海共产主义小组，并在中国共产党成立后，成为中国共产党的早期党员，后因党的工作需要，长期以党外民主人士的身份在党的领导下从事文艺战线工作。中华人民共和国成立后，历任全国人民代表大会代表、全国政协委员会常务委员、文化部部长、中国作家协会主席等职。临终前，茅盾捐献25万元稿费作为奖金，设立了茅盾文学奖，以鼓励优秀长篇小说的创作。茅盾文学奖是我国最高荣誉的文学奖之一。

茅盾故居

茅盾故居1984年被公布为北京市文物保护单位。现胡同内有圆恩寺影剧院等单位，余为居民住宅。

秦老胡同

秦老胡同位于东城区地安门东大街北侧，呈东西走向。东起交道口南大街，西止南锣鼓巷。全长447米，宽6米，沥青路面。

秦老胡同，明代属昭回靖恭坊，称秦家胡同。清代属镶黄旗，称秦老胡同，民国后沿称。1965年整顿地名时改称交道口南五条。

"文化大革命"中一度改称大跃进路五条，后恢复原名。1979年称秦老胡同。19号、21号为北京典型的并列四合院。

35号原为"绮园"。该院坐北朝南，三进院落。清代晚期建筑。

大门位于院落东南隅，如意大门形式，清水脊，合瓦屋面，脊饰花盘子，门头栏板、门楣及象眼处均有砖雕，红色板门两扇，门板上带有门钹一对，梅花形门簪两枚，有"平安"两字，方形门墩一对，大门中柱位置原大门走马板彩画绘有八仙。戗檐、墀头及博缝头均有砖雕，迎门有假山一座。大门西侧有倒座房九间，过垄脊，合瓦屋面，封后檐墙，前檐梁架绘有苏式彩画，前檐装修为现代门窗。一进院正房五间，前后出廊，过垄脊，合瓦屋面，老檐出后檐墙，前后檐均绘有苏式彩画，明间为过厅，地面铺设有花砖，前檐装修为现代门窗。一进院内原有西房三间现已改作车库。

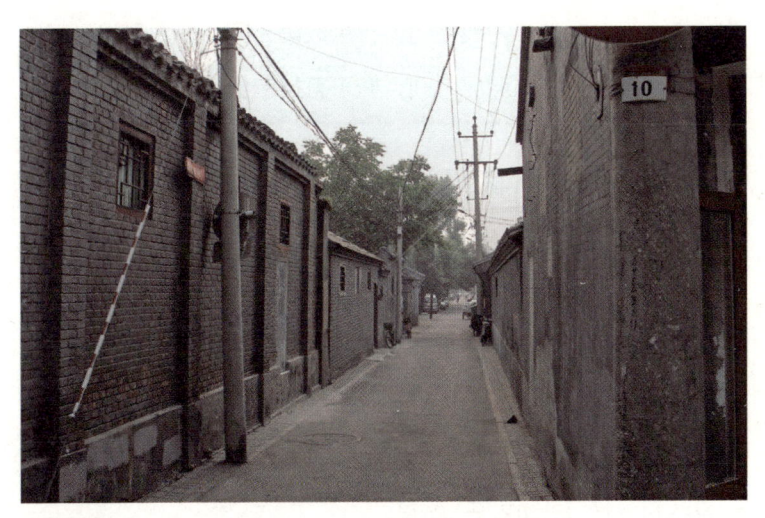

秦老胡同

二进院正房五间，两卷勾连搭形式，前后出廊，过垄脊，合瓦屋面，老檐出后檐墙，前后檐梁架均绘有苏式彩画，明间装修为隔扇风门，前出垂带踏跺两级，次、梢间为夹门窗。正房两侧各有平顶耳房二间，檐下有挂檐板，东耳房东侧一间为过道，通往三进院。二进院内东、西厢房各三间，前出廊，过垄脊，合瓦屋面，前檐梁架绘有苏式彩画，前檐装修为现代门窗。东厢房南侧新建厢耳房二间，过垄脊，灰梗屋面，前檐绘有苏式彩画，前檐装修为现代门窗。西厢房三间，前出廊，过垄脊，合瓦屋面，前檐绘有苏式彩画，明间为隔扇风门，次间装修为现代门窗。西厢房南北两侧各新建厢耳房二间，过垄脊，灰梗屋面，前檐绘有苏式彩画，前檐装修为现代门窗。院内有四檩卷棚顶游廊连接各房，筒瓦屋面，檐部绘有苏式彩画。

三进院后罩房八间，前出廊，过垄脊，合瓦屋面，前檐绘有苏式彩画，前檐装修为现代门窗，东数第二间现开为后门。三进院东西两侧各有平顶厢房二间，檐下有挂檐板，前檐装修为现代门窗。

该院原为清晚期内务府总管大臣索家宅第的花园部分，名"绮园"，至今院内假山上仍有"绮园"二字的刻石。园内原有假山、水池、桥、亭等建筑，还有船形敞轩一座。曾崇为索氏后代，因曾崇的儿媳妇为清末代皇后婉容之姨，故民间流传这所房子是"皇后的姥姥家"。后索家后代将花园分割出售，新房主将花园内建筑全部拆除，重盖房屋，只留下大门东隅的一组假山，故该院庭院宽敞，不似一般四合院。

绮园

秦老胡同 35 号院 1986 年公布为东城区文物保护单位，2003 年公布为北京市文物保护单位。现为单位用房。

张自忠路

张自忠路位于东城区地安门东大街以东，呈东西走向。东起东四十条西端，西止地安门东大街东端，南与南剪子巷相通，北与中剪子巷、麒麟碑胡同相通。全长 708 米。今为平安大街的一部分。

张自忠路，明代属仁寿坊，称铁狮子胡同。据说明崇祯时田贵妃之父田畹居此巷，其门前有两尊铁狮子，故名。清代属正白旗，沿称。1946年为纪念抗日将领张自忠将军，命名为张自忠路。1949年后沿称。1965年整顿地名时，将麒麟碑胡同并入。后又全部并入地安门东大街。1984年复称张自忠路。

3号原为段祺瑞执政府旧址，1984年被定为北京市文物保护单位；7号原为和敬公主府，1984年被定为北京市文物保护单位；5号为著名表演艺术家、剧作家欧阳予倩故居，1986年被定为东城区文物保护单位。

清代此街有恭亲王府（府主为恭亲王常颖）、贝勒斐苏府、承公府、廉公府、那公府，街东端路北有和亲王府与和敬固伦公主府。北洋政府时和敬固伦公主府做过陆军部，和亲王府做过海军部；直奉战争后改为段祺瑞临时执政府。1926年3月18日，北京群众2000多人到执政府门前请愿，要求拒绝八国通牒，段祺瑞竟令卫队开枪，群众死47人，伤150余人，制造了"三一八惨案"。北平沦陷时期为侵华日军华北驻屯军司令部。抗日战争胜利后为十一战区司令长官部。

张自忠路23号原为清达公府，是孙中山先生逝世的地方，后为孙中山纪念馆。该院坐北朝南，分东、西两路，东北部为花园。宅第范围南起张自忠路，北至府学胡同，东距中剪子巷20余米，西迄麒麟碑胡同和交道口南大街。民国时期建筑。

东路：大门位于东路，五间，过垄脊，筒瓦屋面，两山饰披水及铃铛排山，明间红漆实榻大门两扇，梅花形门簪四枚。

大门外景

　　一进院两侧东西过厅各三间，过垄脊，筒瓦屋面，中央开门，前檐装修为现代门窗。院内北侧为福寿厅院大门，五间，进深五檩，过垄脊，筒瓦屋面，前檐装修为现代门窗。大门明间前后各出廊式四檩卷棚抱厦，悬山顶，过垄脊，筒瓦屋面，两山饰披水及铃铛排山，前厦前檐柱间饰雀替，后檐柱装双扇红漆板门，两侧带余塞板。后厦檐柱间饰绿色板门四扇，金柱与前檐柱间装饰栏杆型坐凳楣子，与后檐柱间为连通抄手游廊的过道。院内福寿厅三间，进深十檩，为两卷勾连搭形式，过垄脊，筒瓦屋面，两山饰披水及铃铛排山。明间为隔扇风门，次间支摘窗，均为后改。福寿厅与院门之间有抄手游廊相连，其西侧廊开一过道可通西路第二进院。

　　西路：二进院，北侧有垂花门一间，悬山顶，六檩卷棚筒瓦屋面，两山饰披水及铃铛排山，双扇红漆板门，两侧带余塞板，梅花形门簪四枚，前檐绘苏式彩画，饰垂莲圆柱及柱头，柱间有雀替，门前有圆形门墩一对。垂花门两侧接看面墙，过垄脊，筒瓦屋面，墙间装饰什锦花窗。过垂花门为西路三进院，名银杏院。院内正房五间，前后出廊，硬山顶清水脊，合瓦屋面，脊饰花盘子。正房明间夹门窗装修，门上有木匾一块，书"银杏堂"。次间槛墙、支摘窗，均为后改。正房两侧各带耳房三间，前出廊，过垄脊，合瓦屋面，前檐装修为现代门窗，其西耳房为孙中山逝世地，现已辟为孙中山纪念室。院内东、西配房各三间，前出廊，硬山顶清水脊，合瓦屋面，脊饰花盘子。院内各房间有四檩卷棚游廊相连。正房西侧耳房外半间为门道，可通西路四进院。

四进院内正房五间，前出廊，硬山顶清水脊，合瓦屋面，脊饰花盘子。正房明间夹门窗，门上有木匾一块，书"黄杨厅"。

孙中山逝世地（西耳房）

次间槛墙、支摘窗,均为后改。正房两侧各带耳房二间,前出廊,清水脊,合瓦屋面,脊饰花盘子,前檐装修为现代门窗。院内西配房三间,清水脊,合瓦屋面,脊饰花盘子。配房明间夹门窗,次间槛墙、支摘窗,均为后改。院内东侧为平顶廊五间半,檐下挂素面木檐板。其北侧间为过道,可通花园。

花园位于宅院东北部,内有建筑数栋。舒琴亭位于花园西南,黄杨厅东侧。亭子为四角攒尖方亭,宝顶宝珠,灰筒瓦屋面,梅花方柱四根,柱间装饰卧蚕步步锦棂心倒挂楣子及花牙子,东侧出如意踏跺两级,西侧开圆形月亮门。亭子北侧为一组假山,山上矗立刻石两方,其一为"有凌云志",其二为"凌云洞"。花园西北为"松竹厅",该建筑五间,梢间较窄,歇山顶灰筒瓦屋面,采用工字卧蚕步步锦棂心支摘窗装修。松竹厅

舒琴亭

明间前出四檩卷棚抱厦一间，悬山顶灰筒瓦屋面，东侧五抹隔扇门四扇，上托黑底金字木匾一块，书"松竹厅"。松竹厅西侧明间出东西向平顶廊三间，装饰素面木挂檐板。花园东北角有北房三间，前出廊，硬山顶过垄脊，筒瓦屋面，两侧饰披水及铃铛排山，戗檐装饰砖雕。北房西侧接平顶廊三间半。北房西侧为牡丹厅，三间，前出廊，过垄脊，筒瓦屋面，明间夹门窗，次间槛墙、支摘窗，均为后改。花园西侧为丁香园，面向花园西房三间，清水脊，合瓦屋面，脊饰花盘子，明间夹门窗，次间支摘窗，前檐装修为现代门窗。建筑前出月台，方砖墁地。建筑南侧有八角攒尖亭一座，灰筒瓦屋面，前檐装修为现代门窗。亭子东侧与花园假山间有游廊相连。亭子与西房间有过道，门内即为丁香园（西路第五进院）。院内北房五间，过垄脊，合瓦

月亮门

屋面，前檐装修为现代门窗。花园松竹厅后有圆形月亮门，门内为西路第六进院。院内有北房六间，前出廊，鞍子脊，合瓦屋面，前檐装修为现代门窗。

此处原为明思宗崇祯皇帝宠幸的田贵妃之父左都督田弘遇的住宅。清康熙年间，成为靖逆侯张勇的府第，名"天春园"。清道光末年，竹溪以万金买下天春园，修葺之后改名增旧园。清末民初，院落随着主人的衰败被逐步分割出售。1922年顾维钧任外交总长，买下增旧园的东南部作寓所。1924年北京政变，顾维钧离京，此宅闲置。孙中山应冯玉祥之邀扶病进京，共商国是，段祺瑞执政府将此院作为孙中山在北京的行馆。孙中山于12月31日抵京，受到两万多群众欢迎，随后入住北京饭店。1925年1月26日，孙中山被确诊为肝癌，在协和医院接受手术。2月18日，移至行馆接受中医治疗。3月11日，自知不起，由夫人扶腕，在《孙中山国事遗嘱》《孙中山致苏联遗书》上签字。3月12日上午9时25分病逝于此院，在行馆中住了不足一个月。

1984年5月24日，该院作为"孙中山逝世纪念地"公布为北京市文物保护单位。2006年作为"孙中山行馆"公布为全国重点文物保护单位。

什锦花园胡同

什锦花园胡同位于东城区东四北大街西侧,呈东西走向,东端曲折。东起东四北大街,西止大佛寺东街,南与南阳胡同、道湾胡同相通,北与小细管胡同、南吉祥胡同、南剪子巷相通。全长607米,宽7米,沥青路面。

什锦花园胡同,明代属仁寿坊,西段称红庙街,东段为适景园,据《京师坊巷志稿》载:"《帝京景物略》:成国公(朱能)园曰适景园,都人呼十景园",为京师著名私家园林。此园在今

什锦花园胡同19号院内

胡同东段北侧，园中有亭台楼榭，古槐高柳。清代属正白旗，乾隆时称石景花园，宣统时称什锦花园。《故都变迁纪略》载，适景园为明成国公花园，久废。其巷仍名适景花园，今讹为什锦花园。民国后沿称。1965年整顿地名时改称什锦花园胡同。19号四合院1986年公布为东城区文物保护单位，据说国民党军统特务头子戴笠曾住在此院。清代礼部尚书溥良曾住21号。民国时北洋军阀首领吴佩孚曾住在23号，据传为适景园旧址。现胡同内多为居民住宅。

黄米胡同

黄米胡同位于东城区中国美术馆北侧，呈南北走向。北起美术馆后街，南不通行。全长196米，宽6米，沥青路面。

黄米胡同，清代属正白旗，称黄米胡同。民国后沿称。1965年整顿地名时将牛排子胡同并入，"文化大革命"中一度改称首创路二条，后恢复原名。

5号、7号、9号原为带花园的大宅院，名为半亩园，曾为清代河道总督麟庆宅院的一部分，是旧京著名的私家园林。该宅院坐北朝南，五进院落。清代晚期建筑。

大门位于院落东南隅，如意门形式（原大门为广亮大门形式，民国时期改为如意大门），铃铛排山脊，筒瓦屋面，垂脊饰花盘子，梅花形门簪四枚，上书"元亨利贞"，板门两扇，圆形门墩一对。大门象眼和穿插当处有砖雕，梁架绘箍头彩画，前柱间带雕花雀替，戗檐高浮雕狮子图案，大门前后垂带踏跺三级。大门两侧建有砖砌撇山影壁，门外对面建有一字影壁一座。大门东侧倒座房三间，西侧五间，清水脊，合瓦屋面，前檐装修为现代门窗。

一进院过厅三间，明间为穿堂门，披水排山脊，合瓦屋面，排山勾滴，前后廊，戗檐雕刻有精美图案，前后各出垂带踏跺三级，前檐装修为现代门窗。东、西耳房各一间，披水排山脊，筒瓦屋面。

二进院正房三间，过垄脊，筒瓦屋面，排山勾滴。前后廊，戗檐雕刻有精美图案，明间前后各出垂带踏跺三级，前檐装修为现代门窗。正房两侧耳房各二间，为两卷勾连搭形式，过垄脊，

黄米胡同5号宅门

筒瓦屋面。前出廊，前檐装修为现代门窗。东、西厢房各三间，披水排山脊，筒瓦屋面，前檐装修为现代门窗。正房与厢房有抄手游廊相连接。

三进院正房三间，披水排山脊，筒瓦屋面，排山勾滴，前后廊，廊心墙饰花卉砖雕，象眼雕博古图案，穿插当雕花卉图案，戗檐高浮雕狮子图案，梁架绘箍头彩画，明间隔扇门四扇，前后各出垂带踏跺三级，次、梢间槛墙、支摘窗，步步锦棂心，门窗上均带步步锦棂心横披窗。正房两侧耳房各二间，为两卷勾连搭形式，过垄脊，合瓦屋面，前出廊。东、西厢房各三间，披水排山脊，筒瓦屋面，前出廊，廊心墙饰花卉图案砖雕，戗檐高浮雕狮子图案。梁架绘箍头彩画，前檐明间隔扇门四扇，前带垂带踏跺三级，次、梢间槛墙、支摘窗，步步锦棂心，门窗上带步步锦棂心横披窗。正房与厢房以抄手游廊相连接。

四进院正房三间，铃铛排山脊，筒瓦屋面，前出廊，戗檐装饰有砖雕。明间前出垂带踏跺三级，前檐装修为现代门窗。正房两侧耳房各二间，披水排山脊，合瓦屋面。东、西厢房各三间，披水排山脊，合瓦屋面，前出廊，前檐装修为现代门窗。正房与厢房带抄手游廊。

五进院后罩房九间，翻建。

主体各院落东侧分别建有正房、东配房和配楼等建筑，只是规模较主体建筑要小得多。

麟庆（1791—1846），字伯余，号见亭，姓完颜氏，是金朝第五代皇帝金世宗的第二十四代后裔。他一生经历了清朝由盛到

黄米胡同"半亩园"门额

衰的历程。麟庆才学深厚，官运亨通，一生安顺。清嘉庆十四年（1809）中进士，历任文渊阁检阅、国史馆分校、詹事府右春坊中允等职，道光三年（1823），出任安徽徽州知府，道光九年（1829）升任河南按察使，后又任职贵州布政使、湖北巡抚等高官，是清代任职最长的江南河道总督。

据史书记载，此宅始建于清代初年，最早是贾中丞（汉复）的宅园，由清初著名画家李渔（笠翁）负责修建。据《鸿雪因缘图记》记载："园本贾胶侯中丞宅，李笠翁客贾幕时，为葺斯园，叠石成山，引水作沼，平台曲室，奥如旷如。"清道光二十一年（1841），此宅为麟庆所购。麟庆得此宅后，对宅院大加修葺，历时三年完工，取名"半亩园"。庭院分为东西两部分，东部为住宅，西部为花园。民国时期，此宅归瞿宣颖所有，并将半亩园更名为"止园"。中华人民共和国成立后，该宅改动较大，西半部的花园部分已经改为他用，东部宅院主体部分改为单位宿舍，为便于管理，将建筑群自北而南分为5号、7号、9号三组院落。

该院1986年公布为东城区文物保护单位。现为居民院。

魏家胡同

　　魏家胡同位于东城区张自忠路南侧，呈东西走向。东起东四北大街，西止南剪子巷，南与小细管胡同、南吉祥胡同相通，北与汪魏新巷相通。全长436米，宽7米，沥青路面。

　　魏家胡同，明代属仁寿坊，称卫胡同。因是皇帝亲军金吾左卫驻地，故名。清代属正白旗，称魏家胡同。据传，因有一魏姓官员住此而得名。民国后沿称。

　　18号原为清末营造家马辉堂住宅，称马辉堂花园。该院坐北朝南，分为东西两部分。民国时期建筑。该院东为住宅，西为花园，此院名曰花园，实际是一所带花园的院子。东西两路各有

魏家胡同马辉堂住宅

马辉堂花园内景

大门一间，其中花园大门为过垄脊，合瓦屋面，两侧各接北房五间，过垄脊，合瓦屋面，前檐装修为现代门窗。住宅大门为清水脊，合瓦屋面，西接北房五间，东接北房四间，过垄脊，合瓦屋面，两座大门现均已封堵，于院西北角和东北角另辟两个北门。其东北角大门，披水排山脊，合瓦屋面，前檐柱间装饰雀替，后檐装饰菱形套倒挂楣子，大门开于金柱位置，两侧带余塞板，上为走马板，饰梅花形门簪两枚，门前有方形门墩一对。大门西侧接北房二间，过垄脊，合瓦屋面，前檐装修为现代门窗。

东部住宅建筑为一组并列二进二路四合院。

西院：正房三间，前出廊，披水排山脊，合瓦屋面，前檐装修为现代门窗，明间出垂带踏跺五级。正房两侧各带耳房二间，过垄脊，合瓦屋面，前檐装修为现代门窗。南房三间为过厅，带前后廊，过垄脊，合瓦屋面，装修推出，明间隔扇风门，次间隔扇门各四扇，垂带踏跺五级。东厢房三间为过厅，与东院西厢房合为一座建筑连通东西两院，带前廊，过垄脊，合瓦屋面，装修推出后改，垂带踏跺四级。西厢房三间，前出廊，披水排山脊，合瓦屋面，各间装修后推出，明间为夹门窗，次间为十字海棠棂心支摘窗，垂带踏跺四级。院内各房由抄手游廊连接，廊柱间饰菱形套嵌菱角倒挂楣子。院内西北角处辟有月亮门，可通花园。

东院：正房三间，前出廊，披水排山脊，合瓦屋面，前檐装修为现代门窗，明间出垂带踏跺五级。正房东侧带耳房二间，过垄脊，合瓦屋面，前檐装修为现代门窗。南房三间，带前廊，过垄脊，合瓦屋面，明间隔扇风门，棂心后改，次间槛墙、十字海棠棂心支摘窗，垂带踏跺五级。西厢房三间为过厅，与西院东厢房合为一座建筑连通东西两院，前出廊，披水排山脊，合瓦屋面，各间装修后推出，明间为隔扇风门，次间为十字海棠棂心支摘窗，垂带踏跺四级。东厢房三间，带前廊，过垄脊，合瓦屋面，明间前檐装修为现代门窗，次间装修推出，为十字海棠棂心支摘窗，垂带踏跺四级。院内各房由抄手游廊连接，廊柱间饰菱形套嵌菱角倒挂楣子。

另有一组四合院建筑位于两院南部，现大门为小细管胡同15号。此院中轴线偏西，内有正房三间，前出廊，过垄脊，合瓦屋面，两侧是披水排山脊，前檐装修为现代门窗。正房两侧耳房各一间，过垄脊，合瓦屋面，前檐装修为现代门窗。东、西厢房各三间，前出廊，过垄脊，合瓦屋面，前檐装修为现代门窗。北侧各带厢耳房二间，过垄脊，合瓦屋面，前檐装修为现代门窗。

南房五间为过厅，前出廊，过垄脊，合瓦屋面，前檐装修为现代门窗，两侧各带耳房一间。院内各房由抄手游廊相连，明间各出垂带踏跺三级。

西侧是花园部分，可分西北院和东南院两部分，由游廊相连，廊子均带工字卧蚕步步锦棂心倒挂楣子与菱形套坐凳楣子。

西北院：有一座三卷勾连搭建筑位于该院南面，三间，西侧带二间两卷勾连搭耳房，耳房前加平顶廊，均为披水排山脊，合瓦屋面，山墙见铃铛排山装饰，此建筑北面西一间与耳房东一间之间出一抱厦，悬山顶，筒瓦过垄脊屋面。建筑东侧有一组假山，此处原为马辉堂本人居住。该建筑对面有一座戏台，进深皆三间，为三卷勾连搭建筑，过垄脊，合瓦屋面，前檐装修为现代门窗。

马辉堂花园内景

戏楼东南侧假山之上有卷棚歇山顶的轩一座，五间进深四间，带前后廊，过垄脊，筒瓦屋面，山墙饰铃铛排山，檐部廊柱间装饰工字卧蚕步步锦棂心倒挂楣子与坐凳楣子。明间为隔扇风门，圆角套方灯笼锦与冰裂纹棂心，次间为支摘窗，棂心后改，房前出云步踏跺六级。其西侧有爬山廊与南面三卷勾连搭衔接。轩的西北角有北房三间，过垄脊，合瓦屋面，前檐装修为现代门窗。

东南院：敞轩一座，位于该院东侧，坐东朝西，其东面即为住宅区南四合院。敞轩五间，进深一间，后出抱厦三间，悬山卷棚顶，过垄脊，筒瓦屋面，明间为冰裂纹隔扇风门，次、梢间前檐装修为现代门窗，各间均饰步步锦棂心横披窗，明间前出云步踏跺四级，房屋前有假山。南房三间，位于该院南边，过垄脊，合瓦屋面，前檐装修为现代门窗，明间前有垂带踏跺三级。院内西侧还有四角攒尖亭一座。

该院原为马辉堂花园，为清末营造家马辉堂设计并督造的一组带花园的私人宅第。据考证，清末民初时期的马辉堂花园是涵盖现从什锦花园胡同19号向北到魏家胡同18号，南北长300多米、东西宽200多米的范围。包括现在什锦花园胡同19号，抗战时期为汉奸居住，抗战胜利后成为军统负责人戴笠公馆。什锦花园胡同16号到什锦花园18号、什锦花园23号，原系北洋军阀吴佩孚官邸和宅院。

马辉堂（1870—1934），本名马文盛，清末营造家，祖籍河北省深州市。马家先祖，在明代参与营造过北京紫禁城，清代参加兴建承德避暑山庄。马辉堂幼年随长辈来京学习木匠技艺，后来专为皇家、官宦人家服务。光绪年间，马辉堂为慈禧太后修建颐和园的泥瓦木匠总管。传说，马家世代是营造家，清末民初为京城八大富家，有多处房产和建筑工厂。马辉堂花园于1915年建成，已用上自来水、抽水马桶、电灯、地板、瓷砖、吊灯、马赛克等，很多内装修材料从外国进口。马辉堂花园是马家为自己购买和重新修建的中西合璧的花园住宅。据马家后人马旭初（马辉堂孙子）说，中华人民共和国成立后，马家将此花园卖给国家，所得款购进"国债"。由于马家世代从事营造行业，此处宅院对于研究马氏营造技术及建筑特点有重要价值，提供了较为直观的实物资料。同时，马辉堂花园也是了解和研究清末至民国初年宅院建筑特色的重要实物资料，集中体现了这一时期马氏建筑的营造特点。宅内主要建筑尚完整，但花园仅存部分山石和游廊。

该院1986年公布为东城区文物保护单位，2011年公布为北京市文物保护单位。现为居民院。

箭杆胡同

箭杆胡同位于北池子大街东侧，呈南北走向，南端曲折。北起智德北巷，南止骑河楼南巷。全长153米，宽5米，沥青路面。

箭杆胡同，清代属皇城，光绪时称箭杆胡同。民国后沿称。20号院（原9号院）为中国共产党主要创始人陈独秀曾经居住的地方。该院坐北朝南,一进院落。民国时期建筑。

　　大门位于院落东北隅,北向,蛮子门形式,清水脊,合瓦屋面,脊饰花盘子,梅花形门簪两枚,雕"吉祥"字样,方形门墩一对,踏跺一级,大门后檐柱间饰步步锦棂心倒挂楣子及花牙子,抽屉檐形式封后檐墙。北房三间,前出廊,清水脊,合瓦屋面,脊饰花盘子,垂带踏跺已残,前檐装修为现代门窗,东耳房二间,鞍子脊,合瓦屋面,前檐装修为现代门窗。南房三间,鞍子脊,合瓦屋面,垂带踏跺已残,前檐装修为现代门窗,东耳房一间,鞍子脊,合瓦屋面,西半间开门,前檐装修为现代门窗。东厢房二间,合瓦屋面,前檐装修为现代门窗。

　　1917年初,陈独秀应北京大学校长蔡元培邀请,受聘任北京大学教授兼文科学长。院落孙姓院主将北房、东房和南房租给

箭杆胡同陈独秀旧址

陈独秀。东院里的三间北房曾是陈独秀的办公室，当时的门牌号是9号。三间南房是随陈独秀由沪迁京《新青年》的编辑部。1918年12月，陈独秀与李大钊又创办了《每周评论》。这里成为新文化运动的中心和指挥部。靠街门的一间小房是传达室，当年《新青年》编辑部的牌子悬挂于此墙，两间东厢房是陈独秀的车夫和厨子住的地方。

据当时院落主人后代讲述，院落西墙原有个西门，相对北门（正门）来说是后门。在警察抓陈独秀时，前门（北门）去人应付，陈独秀就从后门跑出去了。

2001年7月12日，该院公布为北京市文物保护单位。

丰富胡同

丰富胡同位于东城区王府井大街西侧，呈南北走向。北起大草厂胡同，南止灯市口西街。全长178米，宽3米，沥青路面。

丰富胡同，清代属镶白旗，乾隆时称风筝胡同，宣统时称丰盛胡同。民国后沿称。1965年整顿地名时因与西城区丰盛胡同同名，改称丰富胡同。

19号是著名作家老舍的故居。该院坐北朝南，二进院落。民国时期建筑。

大门位于院落东南隅，砖砌小门楼，东向，清水脊，筒瓦屋面，檐下为带砖椽的冰盘檐做法，门框上有绿色梅花形门簪两枚，黑漆板门两扇，上有门钹，墙体上身停泥淌白十字缝，下碱为小停泥淌白十字缝砌筑。山面博缝头砖雕，寓意"事事如意"。

迎门为一座砖砌影壁，顶为花瓦做法，墙体小停泥淌白十字缝砌筑。门内为一个小院，有南房二间，进深五檩，过垄脊，合瓦屋面，东间门连窗，西间支摘窗，下碱槛墙。山面方砖博缝，"五出五进"做法，墙心抹灰，上身停泥淌白十字缝，下碱小停泥淌白十字缝砌筑。

老舍故居

南房二间，平屋顶。西间支摘窗，东间门连窗，下碱小停泥淌白十字缝槛墙，封后檐墙"五出五进"做法，墙心抹灰，上身停泥淌白十字缝，下碱为小停泥淌白十字缝砌筑，山面亦为"五出五进"做法，墙心抹灰，上身停泥淌白十字缝，下碱为小停泥淌白十字缝砌筑。

二门建在里院东南角，门内一块五彩小木影壁，漆成绿色，中间挂一个"福"字。里院内有十字甬道通向东、北、西房，甬道之外是土地。

里院正房坐北朝南，三间，进深五檩，清水脊，合瓦屋面。前檐明间门连窗，次间支摘窗，步步锦棂心，下碱为停泥淌白十字缝槛墙，封后檐墙"五出五进"做法，墙心抹灰，上身及下碱均为停泥淌白十字缝砌筑。山面条砖博缝，墙身为停泥淌白十字缝砌筑。正房东、西附耳房各一间，过垄脊，合瓦屋面，前檐装修为现代门窗。

东、西厢房各三间，进深五檩，清水脊，合瓦屋面。前檐明间门连窗，次间支摘窗，下碱为小停泥淌白十字缝槛墙。封后檐墙"五出五进"做法，墙心抹灰，上身及下碱均为停泥淌白十字缝砌筑。山面方砖博缝，上身停泥淌白十字缝，下碱小停泥淌白十字缝砌筑。因院内地面抬高，踏跺无存。东厢房室内已吊顶，西厢房室内后改吊顶。

1949 年，老舍受周恩来邀请回国，买下此院，1950 年 3 月入住。1954 年春天，老舍与夫人胡絜青在甬道两边各栽下一棵柿子树。金秋时节，橘红色的柿子挂满枝头，胡絜青为小院取名"丹

丹柿小院

柿小院"。小院大门里靠着街墙种了一棵枣树。砖影壁后面，移植过一棵太平花，长成一人多高两米直径，满树白花，被老舍称为"家宝"。老舍与胡絜青爱花，曾在院里种的花多达百余盆。

北房西耳房是老舍的写作间兼卧室。书桌对着东门，桌后是嵌在墙上的书橱。老舍在这里创作了24部戏剧和3部长篇小说，引起轰动的有《龙须沟》《柳树井》《西望长安》《茶馆》《女店员》《全家福》等。此外，他还创作了大量的散文、诗歌、杂文和曲艺作品，被北京市人民政府授予"人民艺术家"荣誉称号。

正房的明间和西次间为客厅，客厅中陈列着沙发、条案、硬木砖雕圆桌、凳及多宝槅。南面向阳的窗台、茶几上摆着各种盆景、盆花。墙上挂有十幅左右的国画，作者以齐白石、傅抱石、黄宾虹、林风眠为主。老舍在这里曾几次接待周恩来总理和末代皇帝溥仪，还接待过巴金、曹禺、赵树理等许多文化名人。秋天，老舍常邀请朋友来家赏菊。他把东屋腾出二间，将餐厅也临时改作花的展厅，把上百盆独朵菊花按高低分行排列，供人观赏。

东次间是胡絜青的卧室兼画室。东耳房是卫生间，墙外有一间小锅炉房，供全院冬季采暖用。原来东、西耳房和东、西厢房之间各有一块小天井，改造之后，分别加了灰顶，装了玻璃门和纱门。东边的冬天当餐厅。西边的和西耳房打通成一间，棚顶加开天窗，地面加铺了木地板，并开西门。西厢房为舒济、舒雨、舒立居住。东厢房北次间为厨房，明间及南次间为饭厅，南房是舒乙房间。

1984年5月24日，丹柿小院公布为北京市文物保护单位。

1997年7月,胡絜青携子女将小院连同老舍收藏的部分字画、古董,以及胡絜青本人创作的美术作品捐献给国家。1998年,北京市文物局对该故居进行落架修缮。1999年2月1日老舍诞辰100周年之际,"丹柿小院"正式落成老舍纪念馆。

东堂子胡同

东堂子胡同位于朝阳门南小街西侧,呈东西走向。东起朝阳门南小街,西止东单北大街,南与协和胡同相通,北靠红星胡同。全长726米,宽8米,沥青路面。

东堂子胡同,明代属黄华坊,称堂子胡同。"堂子"是江南方言"妓院"之意,故名。清代属镶白旗,称东堂子胡同。据《天咫偶闻》载:"总理各国事务衙门在东堂子胡同,故大学士赛尚阿第也。"民国后沿称。"文化大革命"中一度改称瑞金路十二条,后恢复原名。49号原为清总理各国事务衙门,2003年被定为北京市文物保护单位。著名文学家沈从文曾住在51号。

75号为著名教育家蔡元培旧居。该院坐北朝南,三进院落。原为其西邻77号住宅的东偏院,现大门为后辟之偏门。民国时期建筑。

一进院倒座房四间,进深五檩,其中东次间辟为街门。鞍子脊,合瓦屋面,前檐门连窗形式。老檐出后檐墙。倒座房西侧接耳房

东堂子胡同49号

一间，鞍子脊，合瓦屋面，西半间开门，为门连窗形式，采用工字卧蚕步步锦棂心门与支摘窗，门上饰工字步步锦棂心亮子窗。

　　二进院正房三间，前出廊，清水脊，合瓦屋面，脊饰花盘子。明间采用五抹工字步步锦棂心隔扇夹门窗装修，次间为工字步步锦棂心支摘窗，各间均上饰步步锦棂心横披窗，明间前出垂带踏跺四级。正房左右各接耳房一间，鞍子脊，合瓦屋面，内侧三分之一间开工字步步锦棂心门，采用门连窗形式，外侧间装饰工字步步锦棂心支摘窗，如意踏跺三级。东、西厢房各三间，鞍子脊，合瓦屋面，明间为工字卧蚕步步锦棂心门与支摘窗，次间为工字卧蚕步步锦棂心支摘窗装修，明间前出垂带踏跺三级。南房三间，清水脊，合瓦屋面，明间采用五抹工字步步锦棂心隔扇夹门窗装修，次间为工字步步锦棂心支摘窗，各间均上饰步步锦棂心横披窗，明间前出垂带踏跺三级。南房东、西耳房各一间，清水脊，合瓦屋面，其中西耳房采用外侧三分之一间开工字步步锦棂心门，采用门连窗形式，内侧间装饰工字步步锦棂心支摘窗，门前出踏跺两级。东耳房为门道，前后檐均装饰卧蚕步步锦棂心倒挂楣子与花牙子。

三进院，均已拆除，后来添建现代仿古房屋。

该院在1917年至1920年曾作为蔡元培在北京的居所。蔡元培是中华民国首任教育总长，提出废止忠君、尊孔、尚公、尚武、尚实的封建教育宗旨，倡导军国民教育、实利主义教育、公民道德教育、世界观教育、美感教育"五育并举"的新式教育思想。蔡元培自1916年起任北京大学校长，力倡教育改革，支持新文化运动，提倡学术研究，主张"思想自由，兼容并包"，提出大

东堂子胡同蔡元培故居

学的性质在于研究高深学问，提倡学术自由，科学民主；主张学与术分校，文与理通科；将"学年制"改为"学分制"，实行"选科制"，积极改进教学方法，精简课程，力主自学，校内实行学生自治，教授治校。他的这些主张和措施，在北京大学推行之后影响到全国。五四运动中他支持学生爱国行动，多方营救被捕学生，后迫于北洋政府压力辞职，遂结束在该院居住。

1985年10月，该院公布为东城区文物保护单位，2011年公布为北京市文物保护单位。现为单位用房。

赵堂子胡同

赵堂子胡同位于东城区国际饭店北侧，呈东西走向，东端曲折。东起宝盖胡同，西止朝阳门南小街，南与阳照胡同相通。全长256米，宽6米，沥青路面。

赵堂子胡同，清代属镶白旗，以朝阳门南小街为界，以西称东堂子胡同，以东称赵堂子胡同。民国后沿称。此胡同东端同其他四条胡同相交，即西南阳照胡同，正东后赵家楼胡同，正南宝珠子胡同，正北宝盖胡同。五条胡同相交，形成一个少见的胡同枢纽，当地居民称之为"五路通祥"。

3号为北洋政府代理国务总理朱启钤故宅。该院坐北朝南，分东、西两路。民国时期建筑。

金柱大门一间，辟于西路东南隅，铃铛排山脊，筒瓦屋面，山墙铃铛排山装饰，大门为双扇红色板门，梅花形门簪四枚，圆形门墩一对，门外两侧为抹灰软心廊心墙，门内屋顶有民国时期灯池，后檐饰卧蚕步步锦楞心倒挂楣子。大门东侧院墙作软心影壁形式，西侧倒座房五间，过垄脊，筒瓦屋面，前檐装修为现代门窗。

院落内以贯穿南北的游廊为中轴线，将整个宅院分成东西两部分，并将两部分的八个院落有机地组合为一个颇具气魄的宅第。

东路：一进院正房三间，前出廊，两卷勾连搭建筑，铃铛排山脊，筒瓦屋面，前出垂带踏跺两级，前檐装修为现代门窗。正房西侧有耳房二间，过垄脊，筒瓦屋面，西山墙于游廊内开门，灯笼锦楞心隔扇风门，上饰灯笼锦楞心楣子，其余装修为现代门

赵堂子胡同朱启钤故宅

窗。南房三间，过垄脊，灰梗屋面，前檐装修为现代门窗。

二进院正房三间，前出廊，铃铛排山脊，筒瓦屋面，前出垂带踏跺三级，前檐装修为现代门窗。西接耳房二间，前出廊，过垄脊，筒瓦屋面，前檐饰灯笼锦棂心倒挂楣子和花牙子。东厢房三间，过垄脊，筒瓦屋面，前檐装修为现代门窗。

三进院北房五间，铃铛排山脊，筒瓦屋面，门窗上保存有灯笼锦横披窗，前檐装修为现代门窗。东厢房三间，过垄脊，合瓦屋面，前檐装修为现代门窗。

西路：一进院北侧一殿一卷式垂花门一座，清水脊，筒瓦屋面，现已残破。垂花门两侧连接看面墙，其倒座房西次间与看面墙西端之间有平顶廊相连，可通二进院。

二进院正房三间，前出廊，披水排山脊，合瓦屋面，明间采用十字海棠棂心隔扇风门，东立面装修采用灯笼锦棂心槛窗，开单扇拱券门，十字海棠棂心亮子窗，其余装修为现代门窗，明间出垂带踏跺四级。正房西侧接耳房二间，披水排山脊，合瓦屋面，前檐装修为现代门窗。西厢房三间，前出廊，过垄脊，筒瓦屋面，次间保存灯笼锦棂心支摘窗，其余装修为现代门窗。

三进院正房三间为过厅，前后出廊，铃铛排山脊，筒瓦屋面，仅存次间灯笼锦棂心横披窗，其余装修为现代门窗，明间前出垂带踏跺四级。西侧耳房二间，过垄脊，筒瓦屋面，前檐装修为现代门窗。西厢房三间，前出廊，过垄脊，筒瓦屋面，保存灯笼锦横披窗，其余装修为现代门窗。

四进院正房三间，前出廊，铃铛排山脊，筒瓦屋面，前檐装修为现代门窗，明间前出垂带踏跺四级。西侧耳房二间，铃铛排山脊，筒瓦屋面，前檐装修为现代门窗。西厢房三间，前出廊，铃铛排山脊，筒瓦屋面，前檐装修为现代门窗，明间前出如意踏跺四级。院内东、西两部分之间有四檩卷棚游廊贯穿南北，方形廊柱，柱间饰步步锦棂心倒挂楣子、花牙子与坐凳楣子，南侧墙饰各式什锦窗。

此宅原为一座未完成的建筑，20世纪30年代朱启钤将其购置，并由他亲自设计督造，建成为一处大型宅院。北平沦陷时期，宅院被日本人强行购买，抗战胜利后又发还朱家。中华人民共和国成立后，朱启钤将此宅献给国家，全家迁入东四八条111号。

朱启钤（1872—1964），清光绪年间举人，曾任京师大学堂译学馆监督、北京外城警察厅厅长、内城警察总监、蒙古事务督办。

朱启钤故宅鸟瞰

辛亥革命后，曾任北洋政府交通总长、内务部总长，兼任京都市政督办、代理国务总理等。中华人民共和国成立后，任全国政协委员、中央文史研究馆馆员，著有《蠖园文存》《哲匠录》《李仲明营造法式》等，主持编印《中国营造学社汇刊》。1930年，朱启钤自费成立了专门研究古建筑的机构——中国营造学社，自任社长，对近代北京城的改造建设做出了重要贡献，后来致力于中国建筑的考据学研究。赵堂子胡同3号四合院建好后，前半部为中国营造学社办公，后半部为朱启钤先生眷属居住。据朱启钤之子朱海北回忆，院内建筑的做法及彩画，完全按照《李仲明营造法式》进行，所用木工、彩画工都是为故宫施工的老工匠。故该宅院同时具有一定的纪念与研究双重价值。

该院1984年公布为东城区文物保护单位。现为居民院。

东四六条

东四六条位于东城区朝阳门北小街西侧，呈东西走向。东起朝阳门北小街，西止东四北大街，南与月牙胡同、流水巷、育芳胡同相通，北与月光胡同、南板桥胡同、德华里、石桥胡同相通。全长715米，宽9米，沥青路面。

东四六条，清代属正白旗，称六条胡同。民国时沿称。1949年称东四六条。"文化大革命"中一度改称红日路六条，后恢复原名。因在东四北大街东侧诸胡同中由南向北排列顺序为第六而得名。据《京师坊巷志稿》载："采访册：元公第在六条胡同。谨案：公为圣祖三子诚隐郡王讳允祉之后。《宸垣识略》：袭三等信勇公第在六条胡同。案：雍正时，振武将军靖边大将军傅尔丹袭信勇公，其曾祖直义公费英东封爵也。"清光绪年间日本使馆曾设此。55 号为著名社会活动家沙千里住宅，1986 年被定为东城区文物保护单位。甲 44 号曾为北洋政府总统徐世昌住宅，后为北京一二八中学校舍。

63 号、65 号四合院原为清代大学士崇礼的住宅。该院坐北朝南，分东、中、西三路。清光绪年间建筑。

东路（今 63 号院）：大门位于院落东南隅，广亮大门一间，

崇礼住宅大门

清水脊，合瓦屋面，梅花形门簪四枚，圆形门墩一对。大门东侧倒座房一间，西侧八间，清水脊，合瓦屋面，前檐装修为现代门窗，封后檐墙。第一进院有正房九间，为过厅形式，前后出廊，披水排山脊，合瓦屋面，明间隔扇风门，大菱形块棂心，次间、梢间和尽间前后檐装修均为现代门窗，保留部分步步锦棂心横披窗。二进院内东、西厢房各三间，披水排山脊，合瓦屋面。二进院北侧一殿一卷式垂花门一座。垂花门两侧连接看面墙和抄手游廊，游廊连通二进院和三进院。三进院正房三间，披水排山脊，合瓦屋面，山面饰排山勾滴，前后廊，前檐明间隔扇风门，十字间菱形棂心，次间槛墙、支摘窗、横披窗，步步锦棂心。正房两侧耳房各二间。东、西厢房各三间，披水排山脊，合瓦屋面，前出廊，前檐明间隔扇风门，井字间菱形棂心，次间现代门窗，十字方格棂心，上带步步锦棂心横披窗。厢房南面各带耳房一间。正房、厢房和垂花门之间都有抄手游廊相连接。四进院现存后罩房三座共十一间，中间五间，两侧各三间，均为清水脊，合瓦屋面，前檐装修为现代门窗。

中路：一进院前半部有方形水池和敞厅一座。敞厅为歇山卷棚顶合瓦屋面。敞厅北侧为五间大戏台，披水排山脊，合瓦屋面，排山勾滴，明、次间前出悬山卷棚顶合瓦屋面抱厦。戏台两侧耳房各二间，披水排山脊，合瓦屋面，前后檐装修均为现代门窗。院落西侧有西房三间，歇山卷棚顶合瓦屋面。院落南侧倒座房三座，中间一座五间，东侧一座二间，西侧一座三间，均为清水脊，合瓦屋面，前檐装修为现代门窗，封后檐墙。二进院正房五间，

中路戏台

前后廊，披水排山脊，合瓦屋面。正房西侧有北房二间，前出廊。院落东侧是一座叠石假山，山上建六柱筒瓦圆攒尖顶凉亭一座。三进院正房原为祠堂，五间，披水排山脊，筒瓦屋面，前后廊。堂前现存门枕石一对。

西路（今65号院）：大门位于院落东南隅，广亮大门形式，清水脊，合瓦屋面，梅花形门簪四枚，前檐柱间饰雀替，圆形门墩一对。大门东侧倒座房三间，西侧七间，清水脊，合瓦屋面，前檐装修为现代门窗，封后檐墙。门内一字影壁一座，硬山过垄脊筒瓦顶。一进院内原为正房五间（现改为九间），为过厅形式，披水排山脊，合瓦屋面，前后出廊。正房东侧耳房一间。二进院正房三间，披水排山脊，合瓦屋面，前后出廊。前檐明间隔扇风门，井字玻璃屉棂心，次间现代大玻璃窗。正房两侧耳房各二间。东、西厢房各三间，披水排山脊，合瓦屋面，前出廊，前檐装修为现代门窗。院内房屋由抄手游廊相连接，二进院东西两侧各有跨院一座。东跨院内北房三间，两卷勾连搭式，前后廊，过垄脊，合瓦屋面，室内的硬木花罩上刻有清代书法家邓石如题写的苏东坡诗词。南房三间，前出廊，过垄脊，合瓦屋面。东厢房三间。西跨院内北房三间，两卷勾连搭形式，前后廊，过垄脊，合瓦屋面。南房三间，过垄脊，合瓦屋面。三进院南侧一殿一卷式垂花门一座，垂花门两侧连接看面墙和抄手游廊，院内正房五间，披水排山脊，合瓦

一字影壁

屋面，前后廊，前檐装修为现代门窗，老檐出后檐墙，正房两侧耳房各二间。东、西厢房各三间，披水排山脊，合瓦屋面，前出廊，前檐装修为现代门窗。厢房南侧厢耳房各一间。正房、厢房和垂花门之间都有抄手游廊连接。四进院落为十一间后罩房，清水脊，合瓦屋面，前檐保存部分隔扇门装修。四进院西侧有一座跨院，院内北房三间，过垄脊，筒瓦屋面，前出廊。南房三间，过垄脊，合瓦屋面。

崇礼任粤海关总督时，大肆搜刮，积财无数，极有富名。回京后又大治宅第，屋宇华丽，是官宅中除王府外的佼佼者。东院及花园原为崇礼居所，西宅先后为崇礼弟兄和崇礼之侄所居。

此宅建成不久，逢八国联军入侵，即为洋兵所据。民国后又几度转手。1935年，二十九军军长宋哲元部下师长刘汝明买下这所宅院后,又重新修葺。抗日战争时期,该处又为伪新民会会长张燕卿所购。

该院 1988 年公布为全国重点文物保护单位。现为居民院。

东交民巷

东交民巷位于东城区天安门广场东侧,呈东西走向,两端曲折。东起崇文门内大街,西止天安门广场东侧路,南与前门东大街相邻,北与大华路、兴华路相通,中与台基厂大街、正义路相交。全长 1552 米,宽 16 米,沥青路面。

东交民巷,明代属南薰坊,称东江米巷。据传,此地曾是出售江米(糯米)之处,故名。清代属正蓝旗,沿称。光绪时称东江米巷,亦称交民巷,宣统时称东交民巷。民国后沿称。1965 年整顿地名时将汇丰夹道、大华街、三关庙、公安后街并入。"文化大革命"中一度改称反帝路,后恢复原名。

据《京师坊巷志稿》载:明代这里有会同馆、上林苑监以及藩育、嘉蔬、左典察、右典察、前典察、后典察等十署。清代有太医院等衙署,户部的银库和一些王府宅第,如肃王府、梁公府、庆公府等。乾隆嘉庆年间,巷之中段曾辟一地建"迎宾馆",供外国使臣临时居住。清大学士徐桐府第曾在此。在西面靠近棋盘街一带,还有明代建造的"天街游廊",是做买卖最热闹的地方。

东交民巷东口

清咸丰十年（1860）清政府在第二次鸦片战争中战败后，直到清光绪十二年（1886），英、法、美、德、意、奥、比、荷、日等国相继在东交民巷设立使馆。清光绪二十六年（1900）八国联军侵入北京，强迫清政府签订《辛丑条约》，将东交民巷划为外国"使馆界"，界内一切事务由各国自行处理，中国政府一概不能过问。1928年，各国大使馆迁往南京，这一带仍驻有各国公使馆，直到北平和平解放。现巷内有东交民巷派出所等单位，余为居民住宅。

前公用胡同

前公用胡同位于西城区新街口地区东北部。东西走向，东起新街口南大街，西至赵登禹路。全长 350 米，均宽 5 米。

明代称供用库胡同，因皇家外供用库在此而得名。清代演为宫衣库、宫用库，并析为前后两条胡同，此胡同在南，称前宫衣库，亦称前公用库。1965 年定名为前公用胡同。

15 号四合院为清末内务府长官崇厚的宅第。该院坐北朝南，分为中、东、西三路。东、西两路三进院落，中路二进院落加一座门前庭院。清代后期建筑。

崇厚宅第大门

中路：最前方为类似三间一启门的王府大门形式，铃铛排山脊，筒瓦屋面，明间大门门扇开在中柱位置，圆形门墩一对，前檐柱和后檐柱装饰雀替。门前两侧上马石一对，雕刻花卉和海兽图案。大门前有一座庭院，无建筑物，类似停车场。大门内第一进院为花园，中间有现代添建的叠石花坛。其北侧有花厅五间，过垄脊，合瓦屋面，前檐部分明间隔扇门装修，前接六檩卷棚抱厦，次、梢间为槛墙、支摘窗，窗前各有假山石一方。明间开隔扇门，十字海棠棂心，老檐出后檐墙。花厅东侧月亮门通第二进院。二进院正房三间，披水排山脊，合瓦屋面，前后出廊，前檐明间为隔扇风门，前出垂带踏跺四级，次间槛墙、支摘窗，步步锦棂心。正房两侧耳房各二间。东、西厢房各三间，披水排山脊，合瓦屋面，前檐明间为隔扇风门，前出如意踏跺三级，次间槛墙、支摘窗，步步锦棂心。其中西厢房与西路的东厢房形成两卷勾连搭形式。院内建筑以游廊相连接。

东路：广亮大门一间，开辟于后公用胡同，东向，现已封堵。一进院内南房（倒座房）三间，披水排山脊，合瓦屋面，大门北侧有厢房四间。院落北侧有一殿一卷式垂花门一座，垂莲柱形垂柱头，垂柱头间装饰雀替，方形门墩。垂花门两侧南面为看面墙，北侧为抄手游廊，四檩卷棚顶，筒瓦屋面，绿色梅花方柱，柱间饰步步锦棂心倒挂楣子、花牙子。二进院内正房三间，披水排山脊，合瓦屋面，前后出廊，明间为隔扇门，前出垂带踏跺四级，次间槛墙、支摘窗。两侧耳房各二间。东、西厢房各三间，披水排山脊，合瓦屋面，前出廊，装修同正房，明间前出如意踏跺三级。院内

崇厚宅第垂花门

房屋以游廊相接。三进院为后罩房五间，过垄脊，合瓦屋面。西侧接耳房二间，过垄脊，合瓦屋面。此路的建筑彩画均为箍头包袱彩画。

西路：一进院南房三间，披水排山脊，合瓦屋面，明间隔扇门，次间槛墙、支摘窗。两侧耳房各二间。院落北侧为一殿一卷式垂花门一座，垂莲柱形垂柱头，垂柱头间装饰雀替，方形门墩。垂花门两侧连接看面墙，看面墙上开什锦窗，墙北侧为抄手游廊，四檩卷棚顶，筒瓦屋面，绿色梅花方柱。二进院内正房三间，披水排山脊，合瓦屋面，前后出廊，前檐明间隔扇门，前出垂带踏跺五级，次间槛墙、支摘窗。正房两侧耳房各二间。东、西厢房各三间，披水排山脊，合瓦屋面，前出廊，前檐装修同正房，明间前出如意踏跺三级。厢房南侧带厢耳房各一间。院内门窗装修均为步步锦棂心。三进院后罩房五间，披水排山脊，合瓦屋面。此路的建筑彩画均为箍头包袱彩画。

崇厚（1826—1893），字地山，完颜氏，满洲镶黄旗人。河道总督麟庆之次子。清道光二十九年（1849）举人，历官长芦盐运使、兵部侍郎、户部侍郎、吏部侍郎、三口通商大臣、直隶总督、奉天将军、左都御史。曾参加与英、法重修租界条约，与葡萄牙、丹麦等国议定通商条约等外交活动，是第一位出访法国的专使；曾参与洋务运动，创办了最早的近代军工业——天津机器制造局。清光绪五年（1879），出使俄国期间擅自与俄订立《交收伊犁条约》（即《里瓦几亚条约》），造成大片国土丧失，被捕入狱，定罪斩监候。后来输银30万两充军获释。清光绪十九年（1893）病卒。民国时期张作霖部将富双英购得此宅，并进行了改造。中华人民共和国成立后，该院收归国有，在时任北京市副市长吴晗的批示下，1956年改为西城区少年宫。2003年曾进行过大规模修缮。

该院1984年公布为北京市文物保护单位。

宝产胡同

宝产胡同位于西城区新街口地区东北部。东西走向，东起新街口南大街，西至赵登禹路。全长385米，均宽7米。

明代称宝禅寺胡同，因内有宝禅寺而得名。1911年后一度称宝禅寺街，俗称宝禅寺。1965年改称宝产胡同。寺今仅存残殿。

23号、25号、27号、29号原为魁公府园，为清裕亲王最后一代袭爵者镇国公魁璋之府。整体院落约占宝产胡同北面三分

宝产胡同

之一面积。该院坐北朝南，五路四进院落，清代末期建筑。

23号院为四进院落。大门位于东南隅，为广亮大门形式，披水排山脊，合瓦屋面，梁架绘苏式彩画，戗檐砖雕花卉，前檐柱间带雀替，屋顶上有天花板，梅花形门簪四枚，圆形门墩两对，大门两侧有撇山影壁。大门西侧有倒座房六间，东侧三间，过垄脊，合瓦屋面，前出廊，梁架绘苏式彩画，前檐装修为现代门窗，前出垂带踏跺三级。

一进院北侧有垂花门一座，一殿一卷形式，梅花形门簪四枚，方形门墩一对，垂花门内两侧接抄手游廊。

二进院内正房五间，清水脊，合瓦屋面，脊饰花盘子，前后廊，梁架绘苏式彩画，前出垂带踏跺五级。正房两侧各带一间耳房，过垄脊，合瓦屋面。西厢房三间，清水脊，合瓦屋面，脊饰花盘子，前出廊，梁架绘苏式彩画，前出垂带踏跺三级。二进院东厢房位置有一座四角攒尖亭和假山。

一进院西侧有一座月亮门，可通三进院。三进院内正房五间，清水脊，合瓦屋面，脊饰花盘子。正房西侧有耳房二间，过垄脊，合瓦屋面。正房东侧接北房五间，建筑形制同正房。四进院后罩房十五间，过垄脊，合瓦屋面，前檐装修为现代门窗。

25号院分为东西两路，四进院落。大门为广亮大门形式，披水排山脊，合瓦屋面，梅花形门簪四枚，圆形门墩一对，象眼线刻几何形纹饰，门两侧有撒山影壁。大门两侧倒座房各五间，过垄脊，筒瓦屋面，门内有一字影壁一座。

一进院内有西房三间，机瓦屋面，西路北侧有过厅三间，披水排山脊，合瓦屋面，中间一间为门道，通二进院。

二进院内建筑已改，北侧有垂花门一座，卷棚顶，筒瓦屋面，梅花形门簪四枚，圆形门墩一对。

三进院正房三间，披水排山脊，合瓦屋面，前后廊，门窗正十字方格棂心。东、西厢房各三间，过垄脊，合瓦屋面，前出廊，门窗十字方格棂心装修，前出连三垂带踏跺四级。整个三进院环抄手游廊。

四进院内正房三间，正房两侧接耳房各一间。

东路一进院北侧有垂花门一座，过垄脊，筒瓦屋面，梅花形门簪两枚，方形门墩一对，门内二进院正房三间，歇山顶，过垄脊，筒瓦屋面，前出廊，前出如意踏跺三级。东路三进院须由西路三进院东侧游廊穿过，东路三进院正房五间，披水排山脊，合瓦屋面。

27号院为三进院落。大门为广亮大门，过垄脊，筒瓦屋面。

宝产胡同魁公府

大门东侧倒座房五间，门内有座山影壁一座。

一进院内正房三间，披水排山脊，合瓦屋面，前出廊，前檐装修为现代门窗，前出垂带踏跺三级，两侧各有耳房一间，过垄脊，合瓦屋面。东、西厢房各三间，过垄脊，合瓦屋面，前檐装修为现代门窗。正房西耳房西侧有一座月亮门，可通二进院。

二进院内正房三间，披水排山脊，合瓦屋面，前后廊，前檐装修为现代门窗，前出垂带踏跺三级。正房两侧各有耳房一间，披水排山脊，合瓦屋面。二进院东、西厢房各三间，披水排山脊，合瓦屋面，东厢房北侧有耳房一间，机瓦屋面，二进院正房西侧有路可通三进院。

三进院有正房三间，过垄脊，合瓦屋面，前檐装修为现代门窗。

29号院为二进院落。大门为广亮大门，披水排山脊，合瓦屋面，梅花形门簪四枚，上刻吉祥如意，梁架绘苏式彩画，前檐柱间带雀替，屋顶有天花板，戗檐砖雕花卉，后檐柱间带步步锦棂心倒挂楣子，圆形门墩一对，前出垂带踏跺四级。大门西侧倒座房一间，东侧六间，过垄脊，合瓦屋面。

一进院内有正房五间，过垄脊，合瓦屋面，梁架绘箍头彩画，门窗步步锦棂心。正房西侧有耳房二间，披水排山脊，合瓦屋面。正房东侧有过道通后院。后院南侧有垂花门一座，过垄脊，筒瓦屋面，梁架绘苏式彩画，前檐柱间带雀替，后檐柱间带步步锦棂心倒挂楣子，梅花形门簪四枚，上刻吉祥如意四字，门墩一对，前出如意踏跺两级。

二进院内正房三间，披水排山脊，合瓦屋面，前出廊，梁架绘箍头彩画，前檐柱间带雀替，明间五抹隔扇门四扇，次间支摘窗，为步步锦棂心装修，前出垂带踏跺四级，正房两侧耳房各一间，披水排山脊，合瓦屋面。东、西厢房各三间，披水排山脊，合瓦屋面，门窗步步锦棂心。

此院在清末和民国初年，为清裕亲王后裔魁璋的府邸。魁璋为裕亲王福全的九世孙，清光绪二十四年（1898）袭镇国公。裕亲王府原在台基厂二条，清末被划入使馆界内，王府被拆除建奥地利使馆，魁璋迁居于此。

院落格局现基本保存完整。宝产胡同23号于1989年8月1日公布为西城区文物保护单位。23号院和27号院现为单位用房。25号院和29号院现为居民院。

文华胡同

　　文华胡同位于西城区金融街街道。东西走向，东起佟麟阁路，西至闹市口中街。全长454米，均宽3米。

　　明代《宛署杂记》称石驸马街后半边胡同。清乾隆年间绘制的《京城全图》称后闸。清宣统年间称石驸马后宅，亦简称后宅胡同。1965年更名为文华胡同。

　　24号院为李大钊故居。该院坐北朝南，二进院落。民国时期建筑。

文华胡同

院落西北隅开大门一间，北向，为平顶小门楼形式。一进院北房三间，鞍子脊，合瓦屋面，前出平顶廊。明间为隔扇风门带帘架，步步锦棂心。次间下为槛墙，上为支摘窗，龟背锦棂心。明间前出如意踏跺三级。北房两侧平顶耳房各二间，檐下带木挂檐板。装修为门连窗形式，门为步步锦棂心，支摘窗上为步步锦棂心，下为井字玻璃屉。院内东、西厢房各三间，均为平顶，檐下带木挂檐板。明间为门连窗形式，门为步步锦棂心。次间下为槛墙，上为支摘窗。支摘窗均上为步步锦棂心，下为井字玻璃屉。明间前出如意踏跺三级。

二进院北侧过厅五间，过垄脊，合瓦屋面。南房五间，三卷勾连搭形式，均为鞍子脊，合瓦屋面。东、西厢房各三间，均为鞍子脊，合瓦屋面。

李大钊故居

该院是李大钊及其家人1920年春至1924年1月的居所。1920年3月，李大钊与邓中夏、高君宇等发起成立"马克思学说研究会"，同年10月与张申府、张国焘发起组织了北京共产党小组。1921年中国共产党成立后，李大钊负责领导北方地区党的工作。1926年领导"三一八"请愿示威活动，1927年被奉系军阀张作霖逮捕并杀害。在石驸马后宅35号（即今文华胡同）居住期间，是李大钊革命生涯紧张忙碌的一个时期。

李大钊一家人主要居住在一进院中，北房是堂屋和李大钊夫妇的卧室，东、西耳房是长女李星华及次女李炎华、次子李光华等人的卧室。东厢房是长子李葆华的书房和会客室，西厢房是李大钊的书房和会客室。现于南侧添置二进院，为李大钊生平事迹展室。

该院1979年公布为北京市文物保护单位。2009年进行了全面修缮，2013年公布为全国重点文物保护单位。

跨车胡同

跨车胡同位于西城区金融街街道。南北走向，南起辟才胡同，北至太平桥大街。全长204米，均宽5米。

清代称跨车胡同，亦称车子胡同，因有车厂，故名。后因拓宽道路，东西两侧平房全部拆除，仅保留13号院（旧址）。

13号院为著名国画家齐白石故居。该院坐北朝南,一进院落。民国时期建筑。

大门位于院落东侧中部,东向,蛮子门一间,清水脊,合瓦屋面,方形门墩一对,后檐柱间饰步步锦棂心倒挂楣子。大门南、北两侧有东房各三间,过垄脊,合瓦屋面。院内有正房三间,是当年齐白石的画屋,前出廊,过垄脊,合瓦屋面,东侧带耳房一间。明间檐下悬挂有齐白石亲自篆刻的长3.3米、高0.84米的篆体"白石画屋"横匾,横匾在"文化大革命"中已被磨平,大字尚有痕迹,依稀可见。

东、西厢房各二间,过垄脊,合瓦屋面。西北侧跨院有西房二间,过垄脊,合瓦屋面,前檐装修为现代门窗。

齐白石于1919年来北京定居,先后在北京住过几个地方,如城南的龙泉寺、宣武门内的石灯庵等处。跨车胡同13号院是他1926年冬购买的,于年底搬入。

齐白石(1864—1957),原名纯芝,字渭青,后改名璜,字濒生,号白石、白石山翁。湖南湘潭人。近现代中国画大师,世界文化名人。在此居住期间,齐白石经历了日军侵华、北平沦陷、新中国诞生等重大事件。

北平沦陷时期,齐白石深居简出,为拒绝汉奸、日军的骚扰,几次三番在大门上贴上大字:"白石老人心病复作,停止见客""若关作画刻印,请由南纸店接办""画不卖与官家,窃恐不详""中外官长,要买白石之画者,用代表人可矣,不必亲自驾到。从来官不入民家,官人民家,主人不利。谨此告知,恕不接见"等。

齐白石故居

　　北平解放后，齐白石参加了周恩来总理的招待宴会，刻石两方献给毛泽东。老舍夫人胡絜青于1951年拜齐白石为师，每个月三四次到"白石画屋"习画。老舍也曾出题请白石老人作画。

　　齐白石先后担任中央美术学院名誉教授、中央文史研究馆馆员，参加北京市、沈阳市"抗美援朝书画义卖展览会"；创作了《百花与和平鸽》，献给"亚洲及太平洋区域和平大会"；与14位画家集体创作《和平颂》，献给"世界和平大会"。

　　1955年，齐白石曾迁往政府给他的新居（雨儿胡同），但不久又迁回跨车胡同。该院现为齐白石家属居住。

　　1984年9月，齐白石故居公布为北京市文物保护单位。

宫门口二条

宫门口二条位于新街口地区西南部。东西走向，东分南北两岔道，起自宫门口横胡同，西至阜成门北顺城街。全长266米，均宽4米。

清代西段称二条胡同，因是阜成门内大街北侧自南向北数第二条胡同，故名。东段南北两岔原称南、北裤角，以形得名。1965年因其地东邻宫门口，故将南、北裤角并入二条胡同，更名宫门口二条。

19号院为鲁迅博物馆，内有鲁迅故居（原西三条21号）。该院坐北朝南，二进院落。民国时期建筑。

大门位于院落东南隅，大门与倒座房为一个整体，过垄脊，合瓦屋面，门洞为砖拱券门，门内后檐柱间饰菱形棂心倒挂楣子，大门吊顶为竹纹。大门西侧倒座房三间，过垄脊，合瓦屋面，前檐明间隔扇风门，次间槛墙、支摘窗，步步锦棂心，封后檐墙。倒座房西侧耳房一间，平顶，前檐门连窗，封后檐墙。进门后左侧为砖砌屏门一座。一进院正房三间，过垄脊，合瓦屋面，前檐明间隔扇风门，前出如意踏跺两级，次间槛墙、支摘窗，步步锦棂心。东、西厢房各二间，平顶，檐下素面木挂檐板，南次间门连窗，前出如意踏跺两级，北次间槛墙、支摘窗，步步锦棂心。

鲁迅故居

西厢房西北侧有一座屏门，通二进院。

二进院为花园形式，有一口枯井及花椒树、榆叶梅等灌木。在一进院正房后檐明间接出一座砖砌简易平顶小房。

鲁迅 1924 年至 1926 年居住在此。

院内的三间正房中，东次间是鲁迅母亲的卧室，西次间是鲁迅原配夫人朱安的卧室，明间的堂屋为餐厅及洗漱、活动处；堂屋西墙处的木架上摆放着一只鲁迅和朱安用来交换换洗衣服的柳条箱。在明间后檐接出的平顶房（八平方米），是鲁迅自己设计的卧室兼工作室，后来被称为"老虎尾巴"，鲁迅自称其为"绿林书屋"。三间倒座房是书房兼会客室，屋内靠南墙有一排编了号码的书箱，西次间靠窗处有张床铺供客人临时住宿。正房西侧有条夹道，通向后园，鲁迅在《秋夜》一文中提及的两棵枣树，原树已不存，现树系 1956 年补种的。进入"老虎尾巴"，可以看到保留下来的当年的陈设。北面有个很大的玻璃窗，北窗下是由两条长凳搭着两块木板组成的床，床板上铺着很薄的褥子，绣有花束、花边和"卧游""安睡"字样的枕套是许广平送给鲁迅的定情物品；床下有只竹篮，当鲁迅遇有不测情况时，可用它装些生活必需品拎起便可离开。靠东墙有张破旧的三屉桌，桌上摆着笔墨等文具，以及一座闹钟、一只茶杯、一个烟缸、一个笔筒，还有一盏以备停电时使用的高脚玻璃罩煤油灯。书桌上方的墙上挂有两幅图片，一幅是鲁迅留学日本时其老师藤野先生的照片；另一幅是画家司徒乔题为《五个警察一个O》（注：标题中O指代孕妇）的速写，画面上画着五个警察正在打一个衣衫褴褛、手牵幼儿的孕妇。桌前放着一把旧藤椅。书

鲁迅故居院内

桌北侧有只白皮箱，书桌南侧是个书架。西墙处摆有一张茶几和两把椅子，西墙上挂了幅水粉风景画和孙福熙作《山野缀石》封面，还有一幅乔大壮书写的对联，为《离骚》中的"望崦嵫而勿迫，恐鹈鴂之先鸣"。整个室内的摆设甚是简陋，这正如鲁迅自己所说："生活太安逸了，工作就被生活所累了。"由于鲁迅犀利的笔锋，憎恶他的军阀及文人咒骂他是"土匪""学匪"。因此，鲁迅索性就把戏称的"老虎尾巴"叫作"绿林书屋"。

这座"绿林书屋"，展示了鲁迅著述的多才和高产。鲁迅在这里创作了《示众》《孤独者》《伤逝》《弟兄》《离婚》《高老夫子》等，翻译了日本文艺评论家厨川白村著文艺论集《苦闷的象征》和《出了象牙之塔》，翻译了荷兰作家望·蔼覃写的《小约翰》等。在杂文方面，鲁迅于1924年写了《论雷峰塔的倒掉》《说胡须》等10多篇文章，1925年写了《忽然想到》《论"费厄泼赖"应该缓行》《论睁了眼看》等70多篇文章，1926年写了《记念刘和珍君》等。他还写了《校正嵇康集序》，编了杂文集《华盖集》并作《题记》，写了散文《狗、猫、鼠》，编成《小说旧闻钞》等。

鲁迅故居内"老虎尾巴"

1979年，北京鲁迅故居公布为北京市文物保护单位，2006年公布为全国重点文物保护单位。

前海西街

　　前海西街位于西城区什刹海街道。呈"┐"形，南起地安门西大街，西折至柳荫街。全长601米，均宽7米。东西段原为玉河故道，因北侧为清代恭王府，河边道路遂称恭王府后身；南北段东侧为一小湖泊，属前海一部分，故湖边道路称前海西河沿。20世纪50年代初，填平河道与小湖泊。1965年两段合并，改称前海西街。东侧为什刹海体育场。北侧为清恭王府，分为府邸和花园两部分。

　　府邸占地3.1万平方米，分为中、东、西三路，各为多进四合院，

前海西街

后面环抱着 160 余米的通脊二层后罩楼。楼后为花园，占地 2.57 万平方米。

18 号为郭沫若故居。该院坐北朝南，三进院落。清代建筑。

郭沫若故居

大门坐西朝东，大门外正对为一座一字影壁。影壁为筒瓦，过垄脊，虎皮石基础。大门三间，为三间一启门形式，过垄脊，筒瓦屋面。明间前檐柱带雀替，梁架绘箍头彩画，明间中柱位置有两扇红色板门，梅花形门簪四枚，承托横匾，匾上书：郭沫若故居。象眼线刻几何形纹饰，次间为墙，开有两扇窗。

大门内为一座花园，是故居的一进院。庭院由土山、树木、绿地、竹林、山石等组成。在草坪中，郭沫若先生的铜像端坐其中。一进院的西南角有南房一栋，四间，过垄脊，合瓦屋面，前檐装修为现代门窗。

北半部为居住部分。一进院落的最北端有一殿一卷式垂花门一座，灰筒瓦，垂莲柱头，梁架绘苏式彩画，梅花形门簪两枚，前出垂带踏跺五级。垂花门内绿色屏门，门前左右各有一口铜钟，垂花门两侧接游廊和看面墙，清水脊，筒瓦屋面，墙心为方砖心做法，下碱为虎皮石墙做法。二进院内正房坐北朝南，五间，分别是客厅、办公室、卧室。正房为过垄脊，筒瓦屋面，前后出廊，木构架绘有箍头彩画，柱间带雀替，明间四扇玻璃门，次间、梢间为玻璃窗，正房前出垂带踏跺六级。正房两侧各带耳房二间，过垄脊，筒瓦屋面。

正房两侧为东、西厢房各三间，过垄脊，筒瓦屋面，前出廊，木构架绘箍头彩画，柱间带雀替，明间四扇玻璃门，次间玻璃窗，厢房前出垂带踏跺五级。

二进院落四周环以抄手游廊，游廊为四檩卷棚顶，筒瓦屋面，廊柱间带步步锦楞心倒挂楣子。

三进院以后罩房为主，形成了一个相对独立的院落。后罩房坐

前海西街清恭王府水榭

北朝南，十一间，鞍子脊，合瓦屋面，前后出廊，木构架绘箍头彩画，明间出垂带踏跺五级，后罩房两侧有平顶廊连接二进院正房。

东跨院的入口有月亮门，穿过月亮门的东跨院有东房三间，鞍子脊，合瓦屋面。东跨院向北还有北房一座，二间，过垄脊，合瓦屋面，前檐装修为现代门窗，北房西侧有平顶廊。

该院原为清乾隆朝权臣和珅府外的一座花园，清嘉庆年间，和珅被贬，家被抄，花园遂废。清同治年间，花园成为恭亲王奕䜣的恭王府的前院，是堆放草料和养马的马厩。民国年间，恭亲王的后代把王府和花园卖给了辅仁大学，把这里卖给天津达仁堂乐家药铺做宅园。在院子的南头和千竿胡同相倚的地方有两块达仁堂的界石砌在墙根里，上刻"乐达仁堂界"五字。1950年至1959年，此处曾是蒙古人民共和国驻华使馆所在地。1960年至1963年，为宋庆龄寓所。1963年11月，郭沫若由西四大院胡同5号搬到这里居住，一直到1978年6月12日逝世。

郭沫若（1892—1978），四川乐山人，诗人、剧作家、考古学家和古文字学家。中华人民共和国成立后，曾任中国科学院院长、中央人民政府政务院副总理、全国人大常委会副委员长、中国文联主席等职务。在前海西街18号居住期间，先后撰写《屈原赋今译》《管子集校》《蔡文姬》《武则天》《屈原》等作品。

故居前院为办公区域，后院为生活居住区域，二院相对独立而又相互连接。

该院1988年公布为全国重点文物保护单位。1994年成立郭沫若纪念馆，有藏品1.16万件。

米市胡同

米市胡同位于西城区陶然亭街道,南北走向。北起骡马市大街,南至南横东街,长625米,均宽7米。

明代称米市口,属宣南坊,因米粮集市于此而得名。后渐成巷,清代称米市胡同,沿用至今。巷内两侧房屋整齐,多大宅,名人多居于此。清顺治时礼部尚书王崇简及其子大学士王熙、乾隆时大学士潘世恩及其孙咸丰年间工部尚书潘祖荫、乾隆时礼部尚书曹秀先、雍正时礼部尚书任兰枝以及嘉庆时御史徐宝善等都曾在此居住。胡同内建有中州、江阴、徐州、泾县、光州、六安、重庆、南海、宁乡、句容等会馆。安徽泾县会馆,1918年12月至1919年8月期间为《每周评论》编辑部所在地,陈独秀、李大钊任编辑。胡同南口西侧为关帝庙,明天启五年(1625)营建。清道光十九年(1839),庙僧了如募化重修,后庙宇改为潘祖荫祠堂,潘世恩府第即在庙之北。以经营焖炉烤鸭而闻名的"老便宜坊"曾在北口内营业。著名的家庭菜馆"谭家菜"也在南海会

米市胡同《每周评论》编辑部旧址

馆南院开业，今已迁往北京饭店。今巷内主要为居民住宅，康有为故居为北京市文物保护单位。

43号为原南海会馆，康有为多次来京参加会试，均寓居在此。该院坐西朝东，由四组院落组成，可以分为南侧和北侧两部分。

南侧部分由北、中、南三组东西向院落组成。北路：临街东房五间，清水脊，合瓦屋面，脊饰花盘子。明间为门道，金柱大门形式，门扉带走马板，梅花形门簪四枚，板门两扇，两侧带余塞板，圆形门墩一对。临街东房北侧接耳房一间，过垄脊，合瓦屋面。耳房北侧再接临街东房三间，水泥机瓦屋面。一进院内正房（西房）七间，前出廊，过垄脊，合瓦屋面（后改水泥机瓦屋面），前檐装修为现代门窗。正房北侧接耳房一间。南、北厢房各三间，后改水泥机瓦屋面。二进院正房（西房）五间，前出廊，后改水泥机瓦屋面，前檐装修为现代门窗。南、北厢房各五间。二进院正房后有两进小院，一进小院有西房四间，北厢房一间。二进小院有西房四间，北厢房一间。

中路：一进院有临街东房三间，正房（西房）三间，南、北厢房各三间。二进院正房（西房）三间。三进院南、北厢房各二间。

南路：一进院临街东房五间，前出廊；正房（西房）三间，前出廊；正房南北两侧耳房各一间；南、北厢房各三间。二进院正房（西房）五间，前出廊；南、北厢房各三间。三进院正房（西房）五间，前出廊；北厢房二间。

北侧部分是康有为居此的住所，位于整组院落的北侧偏西，由东西并联的三组院落组成。东侧第一组院落的正房为西房，即康有为的住房"七树堂",前后廊,过垄脊,合瓦屋面。七树堂原院门的门楣上挂着由叶恭绰题写的"七树堂"匾额。院内有北房四间,是康有为的书房,因早在清代就全部装上了玻璃窗,形似画舫,故名"汗漫舫",鞍子脊,合瓦屋面。原来院内北、东两面有游廊、小轩,园中有石砌假山,山上有一座凉亭和七棵老国槐,故名"七树堂",现已不存。中间的第二组院落正房为北房,三间,前出廊,鞍子脊,合瓦屋面。西侧的第三组院落正房为北房,三间,前出廊,鞍子脊,合瓦屋面。东、西厢房各二间,过垄脊,合瓦屋面。

南海会馆创于清道光四年(1824)。据载,自清朝开科至道光初年,广东举人中进士者共72名,其中南海县便占四分之一。该县每次来京参加会试者不下百人,却苦于没有地方居住,只好

康有为故居

就市为舍,于是一些在京为官的南海籍人士便捐资在米市胡同现址购置房舍,建立南海会馆,以应进京举子之需。

光绪六年(1880),由于南海赴京应试举人越来越多,原有房屋不敷使用,便在会馆南再购一处房舍,使其和原有宅院连接起来,形成一个大院。南海会馆遂具规模,有平房146间。会馆大院分13个小院,七树堂在东北面,因植有七棵古槐,故而得名,尔后闻名遐迩。

康有为(1858—1927),又名祖诒,字广厦,号长素,又号明夷、更甡、西樵山人、游存叟,晚年别署天游化人,广东省南海区丹灶苏村人,人称"康南海",清光绪年间进士,官授工部主事。出身于仕宦家庭,乃广东望族,世代为儒,以理学传家。近代著名政治家、思想家、社会改革家、书法家和学者,信奉孔子儒家学说,并致力于将儒家学说改造为可以适应现代社会的国教,曾担任孔教会会长。著有《康子篇》《新学伪经考》等。

康氏于光绪八年(1882)首次到京会试,即住在七树堂的汗漫舫。该舫在七树堂西面,坐西朝东。因北边紧靠"老便宜坊"二层小楼,从七树堂北望,那小楼酷似一只画舫,漂浮在七树堂之北。康氏想象以会馆为海,以小楼为舫,做漫漫无边际游,故名自己的居室为汗漫舫。其后,康有为每次来京应试和向皇帝上书,都住在汗漫舫。

光绪二十一年(1895),清政府在甲午战争中惨败,康有为再度进京。5月2日,他联络各省举子1300余人于松筠庵聚会,发起赫赫有名的"公车上书",提出变法纲要。三个月后,他在会馆多次和维新派人士集会，决定成立强学会。同年8月17日，康有为又在会馆创办《中外纪闻》报，每期发行2000多份。因为会馆既是康的居所，又是《中外纪闻》报的办公地，维新人士和强学会便常在此出入和集会，一时群英荟萃，门庭若市。其间，康有为写了130首诗，生动地反映了"公车上书"和强学会的战斗历程。这些诗多在会馆所写，故题名《汗漫舫诗集》。

光绪二十四年（1898）六月十一日，在康有为、梁启超等维新派推动下，光绪发布"明定国是"诏，掀起维新变法运动。当时会馆成了维新派的活动中心，车水马龙，冠盖如云，为建馆以来之鼎盛时期。

戊戌变法失败后，会馆人去楼空，寂寞冷落。在北洋军阀、日伪和国民党统治时期，会馆几经劫难，诸多房舍因年久失修而满目疮痍。

中华人民共和国成立后，北京市人民政府成立筹委会负责会馆的修复工作，并于1953年修好房屋135间。同年，叶恭绰先生题写了"康有为故居"匾额及"七树堂"匾额，此时的会馆已基本恢复当年的原貌。

"文化大革命"中，会馆住进居民百余户，假山、凉亭、走廊等随即荡然无存。汗漫舫也住上了人家，遗物石碑无一幸存。

该院1984年公布为北京市文物保护单位。

金井胡同

金井胡同位于西城区广安门内街道，南北走向。北起上斜街，南至达智桥胡同，长约130米，均宽5.2米。

清时称金井胡同，巷内有水井，名曰"金井"，故名。巷名沿用至今。清光绪、宣统时期，法律专家沈家本寓此。《燕都丛考》称："金井胡同光宣间沈子敦家本侍郎寓于是，侍郎为清末之律例专家，刑民律各草案，皆其所手订者也。"

该院坐北朝南，三进院落。清代末期建筑。

大门位于院落东南隅，广亮大门一间，清水脊，合瓦屋面，板门两扇，前檐有彩画痕迹。大门东侧有倒座房二间，西侧六间，清水脊，合瓦屋面。一进院北侧有正房三间，前出廊，清水脊，合瓦屋面，脊饰花盘子。正房西侧有耳房二间，后改机瓦屋面。正房东侧有一座二层楼，五间，前后出廊，合瓦屋面，一层东侧一间开为过道，楼北侧有木制楼梯。一进院东、西两侧各有平顶厢房一间。二进院正房三间，前出廊，清水脊，

沈家本故居

合瓦屋面，脊饰花盘子。正房东、西两侧各有耳房一间，清水脊，合瓦屋面，脊饰花盘子。二进院内东、西厢房各三间，前出廊，清水脊，合瓦屋面，其中西厢房保存有工字卧蚕步步锦棂心支摘窗，其余装修为现代门窗。厢房南侧各带厢耳房二间，合瓦屋面。正房东侧有南房三间，前出廊，原为合瓦屋面，现部分改为机瓦，西侧一间开为过道通往三进院，前后檐有步步锦棂心倒挂楣子。三进院有后罩房八间，过垄脊，合瓦屋面。

沈家本自光绪二十六年（1900）迁居到此，直到1913年逝世，一共在此生活了13年。沈家本（1840—1913），浙江归安（今吴兴）人，清光绪年间进士，历任刑部左侍郎、大理寺正卿、法部右侍郎、资政院副总裁等职，是清末修订法律的主持人和代表者。沈家本自幼研习法律，撰写了《刺字集》《秋谳须知》《律例偶笺》《律例杂说》等十余部书稿，对中国古代法律资料进行了系统的整理和研究，对中国古代法制发展的源流和利弊进行了详细的考证。

院内由东西耳房扩建成的二层小楼，沈家本自题名为"枕碧楼"。该楼为沈之藏书楼，曾藏书五万余卷。沈家本从清廷退职之后，就是在这个楼内客厅接见了梁启超、沈钧儒等民国风云人物，包括袁世凯当大总统时派人请他出任司法总长而被他坚辞不就，也是在这客厅里。楼上的书房，既是他藏书的地方，也是他写作的地方。他的多部著作如《枕碧楼偶存稿》《枕碧楼丛书》《枕碧楼日记》等都是在这里写成的。

光绪二十八年（1902），清政府下达修律诏书。沈家本与伍廷芳一起成为修订法律的总纂官,参与清末立法改革。沈家本主持立法改革工作后,用了十年时间完成了《大清新刑律》的修订,取消了"凌迟""枭首""戮尸"等酷刑,并将《旧律》中不合时宜的禁令尽数废除。沈家本在修订《刑律》的同时十分重视对东西方各国法律的翻译,他认为"参酌各国法律,

沈家本故居内景

首重翻译"。在他的主持和督促之下,修订法律馆翻译了十几个国家的几十种法律和著述,引入了大量的法律名词和法律概念。他曾建议开办中国第一所近代新式法律学堂——京师法律学堂,为国家培养了大批法律人才。沈家本还主持和参与编订了《刑事诉讼法草案》《民事诉讼法草案》《大清民律草案》《大清商律草案》等,在这十年的工作中,他开创了中国现代法制的先河。1913年6月9日,沈家本在金井胡同1号逝世,享年73岁。

随着时间的推移,沈家本故居成为一个居住着60余户人家的大杂院,故居里原有的高大老房子,构现出了原来四合院的面貌和布局。1990年,沈家本故居公布为宣武区(今西城区)文物保护单位。2018年1月,沈家本故居经过精心维护和修缮,以博物馆的新面貌展现在人们面前。

达智桥胡同

达智桥胡同位于西城区广安门内街道。东西走向。东起宣武门外大街，西至金井胡同，长约195米，均宽7米。

明代有接待寺，属宣北坊。清代这里曾有两条由北向南及由西向东的水沟，两沟汇合处有一座小桥，名鞑子桥，又音转为炸子桥，街巷因桥而名。民国时雅化为达智桥。巷名沿用至解放后，1965年定名为达智桥胡同。

巷内12号松筠庵，为明朝谏臣杨继盛故居，又称杨椒山祠。总体布局可分为东、中、西三路。明清时期建筑。

东路：大门北向，面阔三间，进深五檩，硬山顶，铃铛排山脊，筒瓦屋面，木构架绘旋子彩画，明间开券门，门上有石刻匾额，原刻"杨椒山先生故居"等字，现被青灰涂抹；次间开券窗。现正门已改作住房，其东侧另开一座砖砌小门楼供出入，清水脊，筒瓦屋面。一进院南殿（景贤堂），面阔三间，进深六檩，硬山顶，调大脊，筒瓦屋面，前檐明、次间接四檩悬山卷棚顶抱厦三间，殿内原供奉杨椒山彩色泥塑像，像两侧原有对联一副："不与炎黄同一辈，独留清白永千年"，现已无存，后檐为现代门窗。二进院南房面阔三间，进深五檩，前出廊，披水排山脊，筒瓦屋面，前檐装修为现代门窗。三进院南房面阔三间，进深五檩，披水排

杨椒山祠

山脊，筒瓦屋面。再往南部分已改建。

中路：一进院内北房与东路大门相连接，三间，后改现代机瓦屋面，前檐装修为现代门窗，封后檐墙。二进院北房三间，进深九檩，两卷勾连搭形式，前出廊，后改现代水泥机瓦屋面，前檐装修为现代门窗，老檐出后檐墙。南房三间，前出廊，后改现代机瓦屋面。

西路为花园部分，一进院北房五间，后改水泥机瓦屋面，前檐装修为现代门窗，封后檐墙。西厢房二间，后改水泥机瓦屋面。二进院北房三间，两卷勾连搭形式，前出廊，筒瓦屋面（大部分屋面改为水泥机瓦），前檐装修为现代门窗，老檐出后檐墙。院内有假山石。西厢房七间，后改水泥机瓦屋面，前檐装修为现代门窗，老檐出后檐墙。该房北侧与一进院西厢房南侧之间有西房三间，后改水泥机瓦屋面。二进院南侧为一组回廊围成一个小院，廊子为四檩卷棚顶筒瓦屋面，廊柱间保存有冰裂纹倒挂楣子。东、西回廊两侧各连接东、西厢房三间，后改水泥机瓦屋面。南侧回廊连接三进院北房后檐。三进院北房（即谏草堂）为三卷勾连搭形式，南侧第一卷为抱厦，硬山四檩卷棚顶，披水排山脊，筒瓦屋面；第二卷面阔五间，进深五檩，硬山顶，铃铛排山脊，筒瓦屋面；第二卷两侧连接耳房各一间，过垄脊，筒瓦屋面；第三卷面阔七间，铃铛排山脊，筒瓦屋面。该房屋明间为过道，前檐明间五抹隔扇门四扇，前带帘架，均为步步锦棂心，后檐冰裂纹棂心倒挂楣子。谏草堂院内西侧为谏草亭，八角攒尖顶，筒瓦屋面，圆形宝顶，八条垂脊，檐下木构架绘以箍头彩画，现已封堵为住房。院内南侧有花厅五间，进深六檩，硬山顶，披水排山脊，筒瓦屋面，前出四檩悬山抱厦三间，前檐装修为现代门窗。院落东侧与谏草亭相对位置有东配房三间，进深六檩，硬山顶，披水排山脊，筒瓦屋面。谏草堂、谏草亭、花厅、东配房通过四檩卷棚顶游廊相连接，筒瓦屋面，木构架绘制有箍头彩画。

杨继盛（1516—1555），字仲芳，号椒山，追谥忠愍，直隶容城（今河北省容城县）人，嘉靖年间进士，官至兵部员外郎。明嘉靖三十二年（1553）因弹劾奸臣严嵩获罪入狱，监禁3年，受酷刑不屈而死，被后人尊为忠臣典范。著有《杨忠愍文集》。此处最早为城隍庙，清初改为松筠庵。清乾隆五十二年（1787），刑部一些官员访得此庵是杨继盛的故居，遂将其正屋辟为杨祠，名景贤堂。道光二十七年（1847），僧人心泉请镌石名手张受之将杨继盛弹劾严嵩的谏章刻石嵌于扩建的大厅内，大书法家何绍基题名"谏草堂"。次年心泉又在堂之西南建八角谏草亭，并修筑回廊，布置假山庭园。从此祠寺合一，成为士大夫集会议论时政的场所。

该院1984年公布为北京市文物保护单位。保护范围以院墙为界，南北75米，东西40米，总占地为3000余平方米。松筠庵整体格局基本保持原貌。谏草堂后部的花园部分受损严重，假山、树木均被推倒，谏草堂两侧的走廊和谏草亭已改作住宅。如今，随着西城区历史文化名城保护工作的开展，杨椒山祠（松筠庵）也将得到腾退修缮。

胡同文化

　　胡同是一种文化，它不仅仅是建筑文化，而是集历史文化、礼俗文化、语言文化、文学艺术、市井文化、商业文化、娱乐文化于一身的文化系统工程。

　　胡同是由其两侧四合院院墙及大门的延长线构成的一个空间，它既是居住者往来行走的通道，又是人们从事各种活动的场所。胡同里的附属物——门联、门楼、四合院、歌谣、货声、儿童游戏、居民礼俗，乃至胡同本身的来源和名称等，构成了丰富多彩的胡同文化。

胡同习俗

习俗，是人们长期生活在某一特定地区或环境中形成的习惯和风俗。胡同习俗，是北京人长期生活在胡同中所形成的习惯和风俗。它体现在人们在岁时年节的礼仪、日常生活及娱乐、游戏中。

生活礼仪

洗三 在北京街巷胡同的人家中，新生儿出生后，孩子的父亲须立即前往岳父家报喜。孩子出生第三天叫"三朝"，北京叫"洗三"。依俗这一天要给新生儿洗澡。因为这是孩子第一次洗澡，所以特别讲究的是洗澡盆、洗澡水和主持洗澡的人。在旧北京，富贵之家用五彩描金的洗澡盆，一般人家用铜盆，洗澡水叫长寿汤。北京清代多在水里放草药艾叶、槐条，说是可以杀菌祛病，使孩子日后健康。北京讲究选有儿有女有丈夫有公婆的"全福人"主持洗澡。

"洗三"活动从祭神开始。清代北京人多在产房外厅正面摆上香案，案上供着碧霞元君、送子娘娘、催生娘娘、眼光娘娘等13位神像。产妇卧室的炕上供着"炕公""炕母"神像，然后由主持洗澡的人上香叩首祭拜。有的地方由孩子母亲亲自祭拜。祭毕端出盛有长寿汤的洗澡盆。"全福人"抱着孩子，所有来宾依长幼尊卑之序向盆内扔金银、钱币等，谓之"添盆"。主持人一边用棒在水中搅，一边给孩子洗澡，嘴里还唱着吉祥祝词，这叫"搅盆"。洗毕，用丰盛的酒席招待来宾，酒席中一般都有面条。

满月 在婴儿出生正好一个月的那天举行。旧时北京人通常会邀请至亲好友来家中喝"满月酒"，前来赴宴祝贺的客人多半都要送礼物给婴儿。礼物可以是衣物、金银或玉质的锁片、铃铛、项圈、手镯或玩具等。这一天婴儿要新衣、新裤、新鞋、新袜和新帽，打扮得漂漂亮亮的给长辈们观看。

满月日，老北京家庭要给孩子剃头发。头发不能全部剃掉，额顶要留下一块方方正正的"聪明发"，脑后须留一绺"撑根发"，叫"百岁毛"。剃下来的胎发不能扔，要放在一起，用彩线缠好，挂在孩子床头，说是可以驱邪保平安。

旧北京给孩子送衣服有讲究：姨家的布、姑家的活儿，就是姨家买布姑家做成。也有的姨家、姑家各买一块布，衣服的袖子和裤腿用不同颜色的布做成。另外，姑家还要送鞋，姨家送袜子。所送的鞋多为虎头鞋或猫头鞋，即鞋前头为虎头形或猫头形，上边有眼睛、鼻子。给孩子送帽子的区别是男孩应该送虎头帽，女孩送莲花瓣帽，含意是男孩会长得虎头虎脑，很健壮，女孩会长得像莲花一样美丽。

过生日 旧时，北京富贵人家给老人做寿时要搭喜棚，夏天为凉棚，冬天为暖棚。棚内多挂着"三国""水浒"等图画。玻璃窗上贴着图案，图案有男女之分：男人过生日在红框中间有个红色"寿"字,每角各有一个彩色桃子,"寿"字下边也画成桃形,这叫"五桃献寿";女人过生日在红框中间用五只彩色蝙蝠围绕着一个圆"寿"字,这叫"五福捧寿"。棚外要搭红黄两色牌坊或悬挂彩球,另外在正厅设拜寿的寿堂。寿堂内的布置也分男女。堂上正面挂着彩绣"百寿图""一笔寿"或用八仙图案拼成的巨大"寿"字。男人做寿,正中供一尊寿星或福禄寿三星,两旁有梅花鹿形的花筒,顶上卧叼有灵芝的梅花鹿香炉;女人做寿,堂上正面挂彩绣的"五福寿"图案,正中供一尊麻姑,两旁为仙鹤叼莲花的蜡扦,盖上为仙鹤叼灵芝的香炉。寿堂的桌子上还放着寿桃、寿面、寿酒(五盏)及点心水果等寿品。

饮茶 老北京人习惯于喝早茶。旗人早起便用水氽子烧开水,水开后沏茶。所用茶多为茉莉花茶。老北京的茶馆一般可分为清茶馆、书茶馆、棋茶馆和季节性的茶棚等。清茶馆是各类茶馆中条件最好的。店内摆放方桌木凳,壶盏清洁。春夏秋冬四季在门前高搭天棚,棚檐上高挂木板小招牌,红底黑字刻着"毛尖""雨前""雀舌""大方"等茶叶名目,招牌下端垂着红布条穗(清真馆为蓝布条穗)。

清茶馆中最著名的为陶然亭北面的"窑台"。清末民初以来,窑台茶馆因居住在南城的京剧演员及四城票友经常光顾而盛极一时。

书茶馆的营业时间多在下午和"灯晚儿"。茶馆主人约请说评书、唱鼓词的艺人来演唱。茶客边听书、边喝茶以消磨时光。20世纪20年代至30年代,北京的书茶馆中以坤书馆最为兴盛,如天桥的二友轩、观音寺的玉壶春等。坤书馆原名"落子馆",演唱者均为女演员,节目一般是大鼓书词、梨花大鼓等。书馆每天从中午一时前后至夜十时左右连续营业。

除厂甸、蟠桃宫等定期集市庙会外,季节性茶棚以什刹海最为著名。每年立夏至处暑前后,什刹海前海北岸形成一条茶棚的长廊。茶棚对面是卖河鲜及风味小吃的席棚,新蓬嫩藕、菱角慈姑,很招人喜爱。小吃摊经营苏造肉、芸豆糕、豌豆黄、茶汤、杏仁豆腐等。

现代茶馆

旧时,北京的棋茶馆多集中于天桥一带。茶馆设备简陋,多用圆、方木半埋地下或用砖砌成砖垛,上铺长方条薄板,板上画成棋盘格,茶客可边饮边对弈。这类茶馆只收茶资,不收棋租费。

休闲娱乐

听戏 老北京人喜欢"听戏"——看京剧。清乾隆年间,北京的"茶园"剧场大为兴盛。老北京将剧场称为"戏园子"。这些戏园子,大多在前门宣武门外的街巷胡同里。大栅栏内有"庆乐园""同乐园""广德楼""三庆园",鲜鱼口肉市胡同有"查楼"(广和楼),西河沿有"正乙祠"等。

正乙祠

　　老北京的戏园子，大多门外有一高大的单门牌坊，上书戏园名称。剧场为四方形楼，一面是舞台，台下摆大板凳，凳前设放茶具及食品的木案。二楼三面为包厢座。在轴戏未上演之前，小商贩托盘叫卖瓜子、糖果、糖葫芦、点心、豆腐干。"手巾把"用手扔，在空中传递，为老戏园的一景。

　　京剧，源于徽班进京。乾隆五十五年（1790），为庆贺乾隆帝寿辰，闽督伍拉纳使其子带"三庆徽班"进京，后"四喜""春台""和春"班相继进京，被称为"四大徽班"。徽调与汉调、昆曲等融合，衍变为以"西皮""二黄"为主要声腔的京剧艺术。

　　从"四大徽班"进京至今，已有200多年，京剧一直在北京盛演不衰，并且被称"国粹"。旧时，京城之内上到达官贵人，下到平民百姓，有许多戏迷和票友。戏迷对各出戏的戏词及表演都烂熟于心,进戏园子不是"看戏",而是经常闭着眼睛、摇晃着脑袋随曲默唱。

养鸟 北京城里过去养鸟的人很多,鸟主要品种有红靛颏、蓝靛颏,胸前的羽毛分别是红色和蓝色的。此外,还有百灵、画眉、鹦鹉、白玉鸟及俗称"黄鸟"的黄莺。

北京人养鸟一般都是用鸟笼,按形状、大小不同分为靛颏笼、画眉笼、红子笼、百灵笼等种类。靛颏笼是用白茬细竹制作,也有上漆的,笼子是圆柱形,直径约为九寸,上边安有笼抓。红子笼以饲养红子而得名,是长方形的笼子,也有上半部做成半圆形的,名叫"丘子笼",整个笼子像是一个圆车篷,这种笼子也可以用来饲养黄鸟等小型鸟类,上边都有笼抓。画眉笼的高度是靛颏笼的二倍,直径有一尺二寸,笼条比较粗,这种笼子适合饲养

养鸟

画眉这样的体形较大的鸟类。百灵笼的体形也比较高大。

在老北京城的街巷胡同、茶馆及郊外、河边，常能看见头戴瓜皮帽、身穿大褂、手提罩着蓝布鸟笼的老少爷们儿。这些人每天清晨都要出门遛鸟，遛完鸟之后走进附近的大茶馆，把鸟笼架在梁上，沏上壶茶细斟慢饮起来。相互鉴赏、品评别人和自家养的鸟，成为茶桌上的一大话题。

养鸽 北京的鸽子可以分为野鸽和家鸽两大类。野鸽的羽毛是黑灰色或银灰色的，嘴有一寸多长，常常栖息在城楼或殿堂的斗拱间，所以被称为"楼鸽"。家鸽是人工饲养的，外形与野鸽相似，但嘴比较短，头顶与鼻孔之间有两簇短毛耸立，北京人称之为"凤头"。羽毛的颜色有白、黑、灰、蓝、紫五种。最常见的鸽子又称点子，全身为白色，只有头顶、尾部为黑色或紫色。

饲养家鸽要在四合院里建造鸽子窝。鸽子窝是以砖头木板修建的，外形像一个长方形的柜子，分成许多个方格，一般上下为4格，左右为5格，总共20个方格。每个方格前边有栅门，一般是用竹子或铁丝编成的。鸽子的食物以高粱、绿豆、黑豆为主，一天分为三次喂食。饮水采用新鲜干净的井水盛放在浅盆里。

旧时，养鸽在北京城里十分盛行。城里的鸽子市，大多是设在庙会的集市上，隆福寺、白塔寺、护国寺、花市等处的庙会都有鸽子市。北新桥东宝公寺门前的鸽子市是一个专门买卖鸽子的集市。

驯鹰 驯养鹞鹰是清代的王公贵族、八旗子弟中比较盛行的一种爱好。清代内务府在东华门内设有养鹰鹞处，在西直门外法华寺还建有设施齐全的鹰厂。清代的王公贵族、八旗子弟仿效皇室,嗜好捕鹰、驯鹰、架鹰围猎。到了清末,玩鹰已成为一种时尚。20世纪20年代,旗人生计日益窘迫,鹰价也大跌,以至无人买鹰,北京人的玩鹰热也日趋衰落。

玩虫 北京的夏、秋两季有许多昆虫生息繁衍,其中有蝈蝈、油葫芦、金铃子、蟋蟀、金钟、络纬娘等。北京人喜欢将其饲养在缸、罐、笼内。夏秋两季常有小贩在郊区捉来蝈蝈,放入秫秸皮编成的蝈蝈笼内,在街巷胡同里叫卖。北京人在冬天养秋虫,是将秋虫放入各种大小不同的葫芦里。每个葫芦里放上一只虫,葫芦外壳上雕刻上"五蝠同寿""子孙万代""鱼跃龙门"等图案,用红木或柴木作盖口。葫芦外边必须套上棉套,既可以保持温度,又可以防止磕碰。老北京养秋虫的大多为一些游手好闲的旗人,他们每天早晨出门遛弯,然后到附近茶馆沏上一壶茶,从怀里掏出葫芦放在热茶壶旁边。

秋虫中名气最大的还要算是蟋蟀。蟋蟀不仅能鸣叫,而且善斗。旧时在北京城的街巷胡同里,秋天斗蟋蟀已成为十分普遍的风俗。

养蟋蟀用的蛐蛐罐(蟋蟀的俗名叫蛐蛐)是圆筒形的,上边有盖,普通的蛐蛐罐是瓦质的,中上等的是澄浆细罐和瓷罐。还有一种起盆,是将养盆中的蟋蟀取出换到另外的容器时使用的,此外还有扇面形的过笼,用澄浆泥制成的食槽、水槽。养罐内要用过箩的黄土、黑土、白灰拌匀打底,再喷水,因为蟋蟀喜欢阴暗、潮湿的环境。蟋蟀的食性较杂,平时喂以米饭粒、青豆,还有人喂其极少量的虾肉、蟹肉、羊肝的。

养金鱼 养金鱼在中国已有 2000 多年的历史，北京城里饲养金鱼也有数百年之久。金代时就在崇文门地区建立了金鱼池。元代时在太液池等处饲养金鱼。明代时养金鱼的风气更盛，位于天坛北边的金鱼池占地几十亩，有一百多个养鱼池。清代时金鱼池的居民仍然以饲养金鱼为业，除了将上等的金鱼进贡于朝廷外，余者外卖。从王公贵族、朝中大小官吏直到平民百姓都喜欢在自家庭院中摆上鱼盆，居室内摆上鱼缸，饲养的金鱼少则几条，多则几百条，以至于鱼缸和天棚、石榴树成为殷实家庭院中不可缺少的摆设。

北京地区饲养的金鱼分为"草鱼"和"龙睛鱼"两大类。"草鱼"就是小贩们沿街贩卖的小金鱼，体形较小，和鲫鱼在形态上相差不是很大，尾鳍已开始分岔。颜色有红、黑、花等，身长仅 1 寸～5 寸，售价也很便宜。这种小金鱼大多是乡间农民饲养的，普通人家买上几条小金鱼放在圆形的小鱼缸里作为屋里的摆设或是给孩子玩。龙睛鱼则由金鱼池一带的专业户所饲养，体长有超过一尺的，眼睛大多凸起，所以总称为龙睛鱼。颜色既有红色的、金色的，也有黑色的、蓝色的、白色的，还有带各色花斑的。红龙睛鱼全身皆红，花红龙睛鱼红白相间，墨龙睛鱼全身漆黑。还有蓝龙睛鱼、紫龙睛鱼，都是名贵品种。另有望天、虎头、绒球水泡眼等品种，都很名贵。

养金鱼用的盆有瓦盆和木盆。瓦盆有"大八套""大瓦套""直边"三种。大木盆漆成绿色，放在庭院内。除了私宅内饲养的金鱼外，民国时期在中央公园（即今中山公园）、北海公园里也饲养着金鱼，供游人观赏。20世纪40年代初，北京城里仍有经营金鱼的鱼庄9家，主要集中在金鱼池地区。在隆福寺、白塔寺、护国寺、天桥、西单北大街、宣武门外土地庙等地也有一两家金鱼店或金鱼摊。

木偶戏 胡同里来了耍木偶戏的，就会很快招徕一群人，有成年人，更多的是孩子。耍木偶戏的艺人，带的是一个高木架搭成的上有顶的小房子，外边用着彩漆的木板或彩布遮挡。艺人在小房子里边耍木偶边说唱。在木偶戏的节目中，演出最多、最招孩子们喜欢的是《猪八戒招亲》，孩子们称之为"猪八戒背媳妇"。

木偶戏

儿童游戏

旧时，北京的胡同里和四合院内是儿童做游戏的主要场所，游戏的种类有跳绳、跳皮筋、踢毽子等。

跳绳 分长绳和短绳。短绳有一人跳、二人跳、三人跳的；长绳是由两人抡绳，可以有五六人一起跳。

跳皮筋 是以细皮筋联结成四五米长的有弹性的绳，由两个人扯直,一人或数人在绳上跳跃的游戏。绳子可以有一条,也可以有两条,离地的高度从两臂下垂时手的高度开始,依次向上到达腰部、肩头、头顶,直到单臂向上伸直。为了掌握节奏,儿童们一边跳一边唱儿歌,儿歌的歌词充满了生活气息。

踢毽子 胡同里一种很普及的游戏。毽子是用一小把鸡毛插在几枚铜钱的中孔处,用线扎紧制成的。毽子可以一个人自己踢,可以踢出各种花样,也可以许多人踢一个毽子,规则是要能接住别人踢过来的毽子,再踢给他人,要求毽子不能掉在地上。

抽陀螺 胡同里男孩子喜欢的游戏。陀螺是用木头做的,像一颗粗大的子弹,在尖头处镶有一颗钢制的滚珠。另外用一根木棍或竹棍,在一头拴上一根布绳或皮绳,手持另一头,找一块平滑的地面,用手将陀螺尖头朝下,鞭绳绕在陀螺上,急速拉动绳子后,陀螺就会在地上旋转。当旋转速度慢下来时,要用鞭子抽打陀螺。1945年抗日战争胜利时,北京城胡同里的孩子们给抽陀螺起了一个"抽汉奸"的别名,一边抽一边唱:"抽汉奸,打汉奸,棒子面一毛三;抽不着,打不着,棒子面卖两毛。"

砍包儿 胡同里女孩、男孩都喜欢玩的游戏。用几块小布头做成一个四方形的小口袋,里面放上一些小圆石子或是黄豆,就做成了一个"包儿"。包儿的玩法有砍包儿、夹包儿。砍包儿的玩法是几个小朋友分成甲、乙两队,一队由两人相隔10米左右负责砍包儿,另一队的几个人站在中间。砍包儿的人力争将包打到对方的身上,对方则跑动躲闪打来的包儿。砍包儿的两人你砍我接,我砍你接。对方则要来回奔跑,使自己离拿包儿的人远一些，被包儿打中的人要被罚下场，直到最后一个人被打中，双方就交换位置。不过躲包的人如果能将打来的包儿接住，就可以让罚下场的人上来一个，称之为"救人"。夹包儿的玩法是在地上划一条直线，游戏双方站在线的两边，先由甲方两脚尖夹住包儿朝前甩，将包儿甩到线的另一边，乙方再用脚夹住包儿甩回甲方，如此反复，直到一方未能将包儿甩过线为止。

弹球 胡同里男孩子爱玩的一种游戏。球是用玻璃做成的，直径大约有1.5厘米，有的球带有彩色花纹。玩的时候用大拇指和食指配合将球弹出，在平地上滚动，或者是将自己的球按顺序弹入小坑内，或者是用自己弹出的球将对方的球碰出圈外。弹球有许多种玩法，有的是以不出圈、不被别人的球弹中为赢，有时候输的一方还要给对方一个或几个玻璃球。

欻羊拐 胡同里女孩子喜欢的游戏。"拐"即羊拐子（小关节骨），要用四到八块羊拐和一个小布包，两三个人或四五个人一起玩。先由一人用单手将拐抛在桌面上，然后将布包抛向上方，然后用单手快速将拐摆成同一面朝上，再用手接住落下来的布包。如果一次摆不成就两次、三次、四次重复第一个动作，在同一面摆成后再摆成第二面、第三面、第四面朝上，最后一次将拐全都抓在手里再将包接住就赢了。其中，如果有一次没有接住包就输了。

抖空竹 胡同里的男孩子喜欢的游戏。空竹是用竹、木做成的，有单头、双头之分。在矮圆柱形的空竹上开有一些孔眼，在旋转时会发出"嗡嗡"的响声。空竹上有一个木轴，抖的人双手拿着细竹棍，两根竹棍顶端拴着绳，用绳子绕在空竹轴上来回拉动，空竹就随着绳子转动起来。空竹上有几个孔就叫几响，孔越多响声越大。

放风筝 春天的北京胡同里，随风浮飘的风筝是最吸引人的风景之一。

风筝的历史，可以追溯到先秦时期。书载，战国时的鲁班可以"削竹为鹊，成而飞之，三日不下"。据传，在楚汉相争的战争中，韩信把风筝用于军事。宋代，风筝开始流传到民间。明清时期，北京风筝的样式繁多，其工艺制作达到了较高的水平。曹雪芹不仅在其名著《红楼梦》中对如何扎绘风筝有所描写，而且编写了有关风筝的专著《南鹞北鸢考工志》。清光绪年间，哈国亮在厂甸开设了北京第一家哈记风筝铺。哈记的"瘦沙燕"后来成为北京风筝的著名品牌。

在老北京的风筝中，最常见也是最著名的风筝是如燕形"沙燕儿"和绘有鹰形的"盘鹰"。胡同里的孩子喜欢放风筝——小一点的孩子请大人扎做，大一点的孩子自己动手扎做。自做风筝，用料很简单：四根竹坯儿用小线绑扎成一个长方形的骨架，对角再绑两根十字形的竹坯儿，上边糊一张白纸或旧报纸，再粘上两条纸条做的尾巴，就扎成一个纸风筝；在骨架的中心部位拴上线以后，风筝就可以放飞了。这种胡同

沙燕

里常见的孩子们边跑边放的风筝被称为"屁股帘"。

拍洋画儿 民国时期至新中国成立初期,北京胡同里的男孩子喜欢"拍洋画儿"。这种被称为"洋画儿"的东西,是一种纸质的小画片,上印三国故事、水浒故事,也有的印洋装仕女。这些小画片,当时多夹在香烟盒里。多数玩法为:两三个人,各出同样数量的洋画儿,扣放在地上,然后轮流用单掌去拍,被掌风拍翻的洋画儿归拍者所有。

扇三角 与拍洋画儿同期,胡同里还流行"扇三角"。"三角",是用香烟盒叠成的。当时比较常见的纸烟牌子有大前门、恒大、哈德门等。多数玩法为:一人将自己的"三角"放在地上,另一个人用手捏着自己的"三角"去扇地上的"三角";若是扇起的风把地上的三角扇翻过来,扇者就赢了——地上的"三角"归自己所有;若是扇不翻,换人去扇。玩"扇三角"的多为男孩子,大人的香烟盒就成了他们非常渴望得到的"宝物"。

跳房子 胡同里男、女孩子都玩的儿童游戏还有"跳房子"。"房子",是用粉笔在地上画出来的连在一起的方格子。人在方格子里单腿跳,踩线为输。也有的以单脚踢装着小石子或豆子的小布包,出线或不到位为输。

叠纸标 胡同里的孩子们喜欢玩的游戏。纸标,是用比较硬的纸叠成的,多叠成前尖后有双翅的"飞机"形。叠好以后,用拇指和食指捏着纸标的下边,使劲扔出去。纸标前冲,然后在空中飘飞。

推铁环 胡同里的儿童游戏还有"推铁环"。"铁环",是用

推铁环

盘条做的铁圈,可以用前端带钩的铁条推着铁环在胡同里边跑。

老鹰抓小鸡 胡同里男、女孩子们所玩的集体游戏——三五个人可以,七八个甚至十余个人也可以。

玩的时候,排在第一个的人当"老母鸡",其后一个接一个地拽着前一个人的后衣襟,排成一串。其外有一个人当"老鹰",去抓队里的人;"老母鸡"则张开双手,挡住"老鹰"的去路。"老鹰"左冲右突,"老母鸡"则带着身后的队伍左躲右跑。最后以"老鹰"抓住一个排在队伍里的"小鸡"为结束。

胡同货声

明清时期的胡同里,有许多深宅大院。走街串巷的小贩便以响器和吆喝向院里的居民通报和推销货物。

小吃类货声

卖艾窝窝、蜂糕 艾窝窝,也写作"爱窝窝"。清道光年间李光庭《乡言解颐》记载:"以糯米粉为之,状如元宵粉荔,中有糖馅,蒸熟,外糁薄粉,上作一凹,故名窝窝。"清末《一岁货声》说有"枣窝窝,糖窝窝,白糖、芝麻、澄沙三样艾窝窝"。旧时,春节期间小贩敲小木梆走街串巷售卖。吆喝:"蜂糕来哎唠艾窝窝噢江米年糕来糖窝窝哦!""蜂糕来哎,艾窝窝!""艾窝窝好馅儿嘞,桂花果馅儿艾窝窝!"

卖元宵 元宵,是农历正月十五元宵节(也叫"灯节")的应节风味食品。清末有小贩挑担叫卖,前设锅炉碗筷,后放做好的生元宵。吆喝:"津透来,化透了,多半碗来哎元宵唠!""津透来,化透了,桂花的元——宵!"民国年间吆喝:"筋道嘞,滑透嘞,桂花味儿的什锦馅儿的元宵啊!"

卖太阳糕 太阳糕是用米粉蒸制而成的,顶部插江米面捏成的彩鸡象征太阳。《燕京岁时记》载"以米面团成小饼,五枚一层,上贯以寸余小鸡……都人祭日者,买而供之,三五具不等"。相传,农历二月初一是太阳的生日,叫中和节。在清代,北京市民有的家里自己制作,有的到街上的串街小贩处买,或去崇文门外太阳宫的摊位上购买。吆喝:"供佛的太阳糕!"

卖豌豆黄儿 豌豆黄儿,是把煮熟的豌豆去皮捣烂,加白糖和小枣,在砂锅里沉淀成坨,呈深黄色。因为是用砂锅制作的,所以又叫"砂锅豌豆黄儿"。旧时,北京在农历二、三月间卖得最多,特别是三月初一至初三,东便门蟠桃宫庙会卖豌豆黄儿的车摊很多,平时则是多走街串巷售卖。独轮车上木案铺蓝布,扣着成坨的豌豆黄儿,切块出售;还放一些切好的三角块儿供人们看。有讲究一些的,在豌豆黄儿上放切碎的金糕(山楂糕),显得更加色彩鲜明。吆喝:"豌豆的黄儿来,好大的块儿来!""好大块儿的豌豆黄儿,您弄(音闹)块儿尝尝吧!"

卖豌豆糕 豌豆糕,是用熟豌豆面裹芝麻、豆沙、白糖制成。有的捏成各种形状,上浇红糖蜜;也有用模具磕制成的,上染颜色。小贩背圆笼木筐串街售卖。吆喝:"豌豆糕——凉凉儿的豌豆糕!"

卖芸豆饼 芸豆饼,是将芸豆蒸熟,放在干净的屉布上挤压成的小饼,撒上糖或盐花儿吃。吆喝:"芸豆饼儿,有甜有咸嘞!"

卖驴打滚儿 驴打滚儿,又叫"豆面糕"。用黄米面加水蒸熟,在案板上摁平,上铺红糖豆沙馅儿,卷成约1寸直径的卷状,滚上炒熟的黄豆面,切成小段出售。吆喝:"满糖的驴打滚儿!""一包糖的豆面儿糕啊!"

卖粽子 每到端午节，街上卖粽子的很多。北京以小枣粽子为主，也有卖黄黏米粽子的。小贩背圆扁桶或推车串街售卖。吆喝："粽子儿来，好大的粽子唠，江米小枣儿的唠，大粽子唠！""江米的，小枣儿的，凉凉的——大粽子来哎！""黄米小枣儿——筋道儿的粽子！"

卖扒糕、凉粉儿 扒（音爬）糕，是用荞麦面做成的小蒸饼，泡在凉水中，卖时用刀削成小片儿盛碗内，放酱油、醋、芝麻酱、黄瓜丝儿、腌胡萝卜丝儿、芥末、蒜泥等拌食；凉粉儿，用绿豆做成淀粉后加水、矾煮成糊状，晾成软晶体状，切成豆腐大小，放凉水盆里，卖时镲成小块儿，放的作料与扒糕一样。旧时，北京多是扒糕、凉粉儿等一起卖，小贩挑担或推车串街售卖。吆喝："扒糕——凉粉儿！""来好酸辣的凉粉儿来、拨鱼儿，酸来还又辣呀！"

卖切糕 切糕，是北京的传统风味小吃之一。将黄黏米面加红芸豆、水，放大瓦盆内在火炉上蒸，上面铺一层大枣；蒸熟后将瓦盆扣在案子上，盖一大块湿布，用手按压至约二寸厚的大圆饼，切块售卖，吃时用竹签儿插起，蘸白糖吃。在元代就记有"以黄米作枣糕者，多至二三升米做一团，徐而切破，秤斤两而卖之"。（《析津志辑佚·风俗》）吆喝："热切糕！"

卖切糕

卖小枣切糕 小枣切糕，用一层熟江米，上铺一层煮熟的小枣，上面再铺一层熟江米，约二寸来厚，上盖棉布，切块售卖。旧时，有推独轮儿车串街售卖的。吆喝："小枣儿切糕！"

卖玉米面饼 玉米面饼，用玉米面（棒子面）制成的圆饼，用饼铛烙得两面焦熟，所以也叫"两面儿焦"。有的摆摊现烙现卖，有的挎筐串街售卖。吆喝："卖玉米面儿饼子，两面儿焦啊！""卖棒子面儿饼子，两面儿焦啊！"

卖炸糕 炸糕，有江米面包豆沙馅的，也有烫面包红糖的。吆喝："焦炸糕！"

卖油炸鬼 过去，北京早点铺卖豆浆、烧饼、油条（也叫"油炸鬼"）、油饼儿、糖油饼儿、焦圈儿、薄脆、粥等。吆喝油炸鬼，既描述了炸的情形，又夸其油炸鬼好："炸了一个焦咧，烹了一个脆咧，脆咧焦咧！像个小粮船儿咧，好大的个儿咧！锅炒的果儿咧，油又香咧面又白咧，扔在锅里飘起来咧！白又胖咧胖又白咧，赛过烧鹅的咧！一个大的油炸鬼咧！"

卖烧饼 烧饼是用半发的面先烙后烤而成，面中加少许盐、茴香、油，裹芝麻酱，表面一面儿蘸芝麻，多和油条以及其他面食一起卖。吆喝："大烧饼，热油炸鬼！""大卷子热烧饼！""大油炸鬼来热烧饼！""热噢好热呀，芝麻酱的烧饼啊！""焖炉儿的烧饼热哦！""油炸鬼烧饼！""烧饼大油炸鬼！""热的来——大油炸鬼，芝麻酱来——烧饼！""麻花儿——饼！"还有一种就着烧饼吃的"麻尾（音乙）儿"，与烧饼一起卖。吆喝："烧饼，麻——尾儿！"

卖马蹄儿烧饼　马蹄儿烧饼与一般烧饼的制作原料和方法都不太一样。"其炉如四尺屋,上贴烘熟,稍小而尖者曰'驴蹄'。"烘熟时两面皮中间空,一面儿有芝麻。吆喝:"马蹄儿烧饼!"

卖硬面儿饽饽　李家瑞《北平风俗类征》引《北平的巷头小吃》介绍说:"硬面饽饽,就是用面粉制成的一种点心。这种点心因形状之不同,又有'镯子''凸盖'……'白糖饽饽''红糖饽饽'等名目。"多是冬天夜晚,挎筐串胡同售卖。吆喝:"硬面儿饽饽哦!""硬面唵,饽啊饽——!""硬面——饽哎!""硬面儿——饽饽!"

卖杏仁儿茶　杏仁儿茶,用大米碾粉熬成粥状,放入切碎的甜杏仁儿。有的在早点铺卖,有的摆街头叫卖。多挑扁担,两头儿挑两个细高的白圆笼:一个置锅放杏仁儿茶,锅下有小火炉,锅上半盖,盖上有桂花汁、白糖;另一个放瓷碗等。吃时,将杏仁儿茶盛到瓷碗里,添上桂花汁、白糖,搅匀喝。吆喝:"杏仁儿茶哩!""杏仁儿茶!"

卖面茶　面茶是用小米面熬成的粥,再浇上芝麻酱、椒盐儿等食用。街头卖面茶的多挑扁担,一头儿是面茶锅,下有小火炉,上有两开式木盖,盖上有一木盘,盘上放芝麻酱筒以及装有花椒芝麻盐儿、姜粉的小铁罐,罐盖儿上扎有小眼儿;另一头儿是洗碗用的铁皮水桶。吃时,将面茶盛到碗里,用漏勺淋上芝麻酱、撒上花椒芝麻盐儿和姜粉,顺着碗边儿转着碗喝。吆喝:"面茶!""好热面茶呀!"

卖茶汤　茶汤面是用糜子面做成,一般兼卖油炒面儿、藕粉。

三种吃食都是用开水冲的，只是茶汤、藕粉需先用少许凉水搅好，再用放置在大铜壶中的开水冲开。冲好后，撒上去皮的芝麻仁儿、松仁儿、核桃仁儿以及青丝红丝、山楂条儿等，再加上糖（藕粉只用白糖，茶汤、油炒面儿多用红糖）和桂花汁。有固定摊位售卖的，也有串街走巷流动售卖的。吆喝："咦噢喂茶啊汤啊！"

卖豆汁儿粥 豆汁儿是由绿豆粉浆发酵而成的，味儿酸，是北京著名的风味小吃之一。北京人把煮熟的豆汁儿叫"豆汁儿粥"。一般多是午后售卖。小贩挑担走街串巷，担子的一头儿是豆汁儿锅，下面装有小火炉；另一头儿是一个四方形的桌台，上面放有瓷碗、筷子筒、一大盘咸菜丝、一大盘辣咸菜丝和一些焦圈儿，几只小木板凳挂在桌台边沿。喝豆汁儿的人摘下小板凳儿，坐在桌台旁食用。喝一碗热豆汁儿，就着一碟咸菜丝儿或一两个香酥

卖豆汁

脆的小焦圈儿。吆喝："豆汁儿——粥！"

卖老豆腐 老豆腐，是直接在锅里点豆腐，比豆腐脑儿老一些，粗一些。旧时，商贩串街走巷卖老豆腐的很常见。挑担卖，一头儿是老豆腐锅，一头儿是高脚四方木盘，上放碗筷。吃时，将老豆腐盛到瓷碗里，不浇卤，放上酱豆腐汁儿、芝麻酱汁儿、韭菜末儿等，愿吃辣的还可加辣椒油。吆喝："老豆腐——开锅！"

卖豆腐脑儿 豆腐脑儿，就是把豆腐点成软嫩的，浇卤吃。小贩多挑担串街售卖，扁担一头儿是装豆腐脑儿的坛子；另一头儿是方盘和卤锅，方盘上放碗、勺等，卤锅下有小火炉。吆喝："大豆腐脑儿开锅！""豆腐脑儿热呀，好热呀豆腐脑儿，热呀，好肥卤呀！""好热呀，豆腐脑儿热呀！""宽卤儿的，豆腐脑儿热呀！""大豆腐开锅！""好肥卤——哎——好热哟，豆腐脑儿热哟！"

卖灌肠 灌肠，是将淀粉、红曲、丁香、豆蔻等调成面糊状，灌入洗净的猪肠内，煮熟后削成不规则的片儿状，用猪油在铛上煎焦黄，盛在小碟儿内，浇盐水蒜汁儿，拿小木签儿扎着吃。旧时，多摆摊儿售卖。吆喝："焦喂灌肠哦！""焦哦灌肠！"

卖卤煮炸豆腐、炸丸子 卤煮炸豆腐，是用豆腐炸成豆腐泡，再用水煮，加花椒、盐等，浇芝麻酱、辣椒汁，撒上香菜，盛在碗里吃；卤煮炸丸子，是用粉条、绿豆做的饹馇团成的小圆球儿，煮着吃。旧时，小贩挑担串胡同售卖。吆喝："卤煮喂，炸豆腐、茶鸡蛋唠！""卤煮儿，炸豆腐！"

卖爆肚儿 爆肚儿，是北京的传统风味小吃。将洗净的羊肚、牛肚，切成细条在沸水中焯一下，捞出放在浅底儿碗内，加芝麻酱、酱油、醋、葱花儿、香菜、辣椒油等作料吃。根据不同部位，如肚板、肚仁、肚领、百叶等，口感不同，价格也不同。旧时，北京有串街售卖的，现爆现卖。吆喝："爆肚儿，开锅！""爆肚儿开锅，多四两啊！"

卖羊霜肠 羊霜肠，是将羊血和淀粉灌入洗净的羊肠内，加调料煮熟，切成小段售卖。旧时，躲在市民聚集处售卖；也有小贩挑担串街售卖的。扁担一头儿是小火炉，上坐煮锅；另一头儿是大圆笼，装碗筷以及咸汤、芝麻酱、辣椒油、香菜等调料。吆喝："羊霜肠开锅！""羊肚儿开锅，烂糊！"

卖臭豆腐、酱豆腐 臭豆腐，用豆腐加盐腌制，封闭发酵而成，约半寸见方小块儿，闻着奇臭，吃着异香。创制于清初，后被列为御膳房小菜，又因其色青，名为"御青方"，以王致和的最为有名。酱豆腐质地稍硬，色红、味咸，是吃涮羊肉的作料之一。旧时，小贩提罐挎篮串街售卖。吆喝："臭豆腐，酱豆腐！""王致和的臭豆腐啊！""买臭豆腐饶香油！"

卖冰糖葫芦 冰糖葫芦，是北京冬令有名的小食品。用约半尺长的竹签儿，将洗净去核的山里红（山楂）串起来，一旁将麦芽糖或冰糖、白糖之类加热熬化成糖稀，将串成串的山里红在糖稀中滚一番，使其表面裹蘸一层，再放石板上晾凉定型即成。在清末，已有"扁熟山里红，生山里红夹澄沙、核桃仁，生、熟白海棠，葡萄，山药，山药豆，梨片，黑枣，红海棠，大红橘子，荸荠"等诸多品种。吆喝："冰糖儿多来，葫芦儿来哟！""葫芦儿冰糖的，蜜嘞糖葫芦！"

卖铁蚕豆、酥皮蚕豆 这两种蚕豆都是在铁锅里用沙土炒熟的，区别在于，铁蚕豆未经泡发，所以炒熟后比较坚硬；酥皮蚕豆则是先将蚕豆用水稍泡涨后再炒，所以比较酥脆。旧时，在一般零食摊上多有售卖，也有串胡同儿售卖的，有时不用秤而用手抓。吆喝："铁蚕豆咧！酥皮蚕豆咧！""铁蚕豆，大把儿抓！"

卖烂蚕豆 烂蚕豆，是用花椒、盐等煮得软烂的蚕豆。吆喝："五香烂蚕豆！""烂糊呔，烂蚕豆来哟！""抓烂蚕豆喂！"

卖蒸芸豆 将芸豆蒸熟蒸烂后，即可撒盐花儿或白糖吃。小贩串街售卖。吆喝："烫手热来，蒸芸豆来喂！""来烫手热，芸豆来呀哦！"

卖煮花生 将花生加花椒、大料、盐煮熟即可。小贩挎筐串街售卖。吆喝："五香咸落花生！""鲜花生哎咸花生，五香的咸花生！"

卖花生米 花生剥壳，取花生仁，用香料、盐等炒熟。小贩挎筐串街售卖。吆喝："五香花生米！"

卖花生、瓜子儿 将黑西瓜子、花生用香料炒熟或煮熟。小贩挎筐或推车串街售卖。吆喝："花生瓜子儿！"

卖半空儿 半空儿，即没长好或挑拣剩下的小粒花生，因为发育不饱满，多有空壳，所以叫"半空儿"。用香料、盐等炒熟后，也有一番滋味。因为品相不好，价格低廉，多是穷苦人家孩子的零食。小贩挎筐串街售卖。吆喝："半空儿！多给——"

卖"河鲜儿" "河鲜儿"，指水池里长的藕、莲蓬、菱角、芡实。商贩串街售卖。吆喝:"白花儿藕来,河鲜儿来,卖老莲蓬来呀!""鲜菱角来哎,卖老噢菱角——来哟——""老鸡头,才上河!""鲜菱角哎嗨哎,我卖哎老菱角哎鲜菱角嘞!藕哎白花儿藕哎,老鸡头啊才上河啊!"

卖鸡头米 芡实,因其形状像个鸡头,又俗称"老鸡头"。剥去多尖刺的外皮煮熟后,吃里面的果实,即"鸡头米"。小贩卖做熟的鸡头米,分嫩的、二苍、老的三种(以二苍最好),分别用鲜荷叶包裹。吆喝:"鸡头米来,二苍的好吃来!"

卖菱角 分生、熟两种。将鲜嫩的菱角用特制的剪刀剪去两角儿,用鲜荷叶包好,叫"鲜菱角";将老菱角煮熟后再剪去两角儿,掰成两半,用鲜荷叶包好,叫"老菱角"。商贩串街售卖,按荷叶包卖。吆喝:"鲜菱角来,卖老——老菱角来噢!""鲜菱角来哎,卖老嗷菱角——来哟——"

卖馄饨 一年四季都有卖馄饨的,有摆摊售卖的,也有挑担卖的。一早一晚为多,尤其是晚间更多。挑子的一头儿是火炉和煮锅,锅内煮猪骨等,用铁丝网隔开,另一边煮馄饨;挑子的另一头儿放肉馅、馄饨皮,还有香菜、紫菜、虾皮等作料,现做现卖。吆喝:"馄饨——开锅啊!"

卖包子 分肉馅、素馅两种,不同的馅料有不同的吆喝。用穗子油(又叫"网油",即肠油)、韭菜做成的肉包子,吆喝:"穗子油韭菜咧,热包子咧!"用蘑菇、木耳、黄花儿做成的素包子,吆喝:"香蕈蘑菇馅儿的,素包子——!"

卖烫面饺 即用烫面做皮包成的饺子,用小笼屉蒸熟即可。

特点是皮儿薄,吃起来咬着筋道,片刻即得,方便可口。旧时,街头卖烫面饺儿的多是下午售卖。

卖煮玉米 过了端午节不久街上就有卖煮玉米的。刚下来的玉米非常鲜嫩,北京人叫"五月鲜儿"。商贩把煮熟的玉米放在一个大笸箩里,用小棉被盖上,串街售卖。吆喝:"新鲜活秧儿嫩来蒸化来老玉米,仨大钱儿俩大钱儿呀!""活了秧儿嫩来呗,老玉米哎,仨大钱儿俩大钱儿哎!"

卖煮白薯 旧时,冬天街上卖煮白薯的很常见。有的是串胡同儿挑担售卖,也有街头推车售卖的。车上有小火炉,炉上坐锅,锅中白薯煮得烂软,并准备有小碟和筷子,盛小碟儿里攘着吃。吆喝:"干瓢儿的栗子味儿的白薯哎!"特别是锅底儿的白薯最甜,白薯汤汁稠,甜如蜜。吆喝:"锅底儿来,烂糊的!""锅底儿,赛过糖了喝了蜜了!"

卖蒸白薯 把白薯洗净蒸熟了卖。吆喝:"来,蒸透来热呀来,白薯喂多呀!""栗子味儿的白薯来——烫手来""栗子味儿的白薯!"

卖烤白薯 旧时,多用砌的炉子现烤现卖,后来逐渐用废旧大圆铁桶改造成炉子,装有炉烤屉,烤熟的白薯皮内生甜汁。吆喝:"烤白薯——"

卖奶酪 奶酪,又叫"干碗儿酪",是用牛奶加白糖、米酒制成的半凝固食品,盛放在小瓷碗内,入口即化,清凉甜润。旧时,街头有商贩挑着大木桶售卖,木桶内放一层层的碗儿酪,夏天桶内用冰镇之。吆喝:"伊哟噢,酪——喂!""干碗儿,嘞哎嗨哎酪哎哟！"

卖酸梅汤 酸梅汤，是用乌梅、冰糖、桂花等煮制而成的饮品，用冰镇之，是北京夏天著名的清凉饮料，以位于和平门外琉璃厂的信远斋最为有名。每到夏季，走街串巷推车售卖酸梅汤、果子干儿等小吃的，使用一种很特殊的响器——冰盏儿：以生黄铜制成的小碗儿，口径一寸八分、高近一寸，共两只。小贩手托握二盏，以中指、无名指和小指托住下面小碗儿的碗底，大拇指、食指夹住上面小碗儿的边缘，不断敲击下面的小碗儿，发出清脆明亮的声音。

卖冰棍儿 每到夏季，街上摊铺或推小轱辘儿车卖冰棍儿的比较常见。吆喝："冰棍儿！""奶油冰棍儿！""小豆冰棍儿！""红果儿冰棍儿！"

卖热茶 也叫"卖大碗儿茶"。在一个大瓷罐里沏上茶叶末儿，倒在大瓷碗里晾着。小贩多挑担售卖，一头儿是大瓷罐，一头儿是装着大瓷碗的筐。吆喝："热茶呀！""喝大碗儿茶嘞！"

卖雪花儿落 雪花儿落，是人们自己制作的冰激凌。在大木筲里放上碎冰，撒上盐。木筲中心有一带轴的铁筒，底下和木筲相连。轴上缠绳，来回拉绳，铁筒就在木筲里转动，使铁筒里的甜水均匀地降温。待铁筒内壁挂上冰凌，小贩用竹板在筒壁上刮下放入碗中。卖时用漏勺捞出冰凌盛在小碗里，颜色同雪花落在地上一样，故名"雪花儿落"。旧时，每到夏季就有摆摊或串街售卖的。吆喝："你要喝，我就盛，解暑代凉冰镇凌！""冰镇的凌啊，雪花儿的落，城里关外拉主道！""冰激凌——雪花儿落——

贱卖多盛拉主道！"

果蔬类货声

卖青菜 旧时，多是小贩挑担或推车串胡同儿售卖，也有摆摊儿卖菜的。菜的品种很多，少则三五种，多则十多样。吆喝："水捆的菠菜来，六个大钱一堆儿！卖韭菜来！俩大钱的羊角葱！野鸡脖儿的盖韭！""约芸扁豆来，豌豆角儿呀！黄瓜茄子来大茄子来！香菜辣青椒来！卖架冬瓜呀！沟葱嫩韭菜呀！蒜苗咧腌大苤蓝咧！黄豆喂、蒿子秆儿来！白菜芥菜呀！瓢子老倭瓜呀！""约胡萝卜、大萝卜、卞萝卜、水萝卜来哟！""嫩水萝卜来，小白菜儿呀！""小葱儿来，蒿子秆儿来！""蒜苗来，嫩扁豆呀！""豌豆角儿来，黄瓜来！""沟葱来，辣青椒唉！""菠菜芹菜来！""茄子苤蓝来！""香菜柿子椒唉！""西葫芦面老倭瓜来！""茴香菜来！""莴笋来！""紫皮儿大蒜来！"

卖菠菜 菠菜，以春天上市的最多，根据不同的状况有不同的叫法：常年种卖的是园子货，叫"水捆儿"；清明节前后售卖的带着根土，还有些苦涩味，叫"干菠菜"；菜形又短又细的，叫"火芽菠菜"。吆喝："约水捆儿菠菜呀！""约干菠菜呀！""约火芽儿菠菜呀！"

卖大白菜 天气渐冷，大白菜是过去北京人冬天的当家菜。小贩多推车串街售卖。吆喝："存大白菜来，青口白菜！""白菜回窖菜哎！"

卖香瓜 香瓜，也叫"甜瓜"，农历五月即有卖的。吆喝："香瓜儿来，甘蔗味儿来，旱秧儿的来，个个儿好吃唠啊！""甘蔗味儿来，旱秧儿来，白沙蜜的好吃来！""蛤蟆酥的旱香瓜儿来！犄角儿蜜的好甜瓜来！青——皮儿脆来，旱香瓜儿另个味儿来！老头儿乐的甜瓜儿来！"

卖西瓜 旧时，夏季街上卖的西瓜，以红瓤儿的最多，也有黄瓤儿的、白瓤儿的。有推车或挑担串街走巷售卖整瓜，多用小刀在西瓜上切一三角形小口，以显示瓜瓤的生熟。也有在街边、胡同口摆摊卖的，在摊架上铺上蓝布，布上洒清水；西瓜多切成小半尺长的菱角块，地上还摆着整个的西瓜，放在草垫上；一边售卖，一边拿蒲扇扇苍蝇。吆喝："来，冰糖哎来，管打破呀西瓜噢！""管打破的，西瓜呀哎！""抱圆儿的西瓜！""管打吹，抱圆儿的西瓜哎！""块儿又大，瓤儿又高咧，月饼的馅儿来，一个大钱儿来！""块儿大，瓤儿就多，错认的蜜蜂儿去搭窝，亚赛过通州的小凉船儿来哎！一个大，一个大，一个大的钱儿来！""块儿又大来，瓤儿又高啊！好高的瓤儿来，一个大钱儿来！""俩子儿哎，那先瞧瓤儿，你们回过头来再瞧块儿嘞，都沙得你们嗓子甜嘞，两个大嘞，哎这切的都是冰糖疙瘩砂糖块儿、八月十五的月饼馅儿、蜜蜂儿错搭窝嘞，两个大嘞！"

卖桃 桃成熟上市大约在农历六月，旧时，街巷胡同有卖大白桃、深州蜜桃的。吆喝："来喝了水儿来樱桃嘴儿的桃儿来！李子来！冰糖味儿的水果儿呀哦！""樱桃嘴儿的桃儿噢噎啊！""喝了水儿的来，蜜桃儿来喂！一汪水儿的大蜜桃，酸的肉来，还又换来！玛瑙红的蜜桃来噎哎！""深州大蜜桃！""喝了水儿来蜜桃来、蜜节梨呀有来炸又换来！""一兜儿水的哎嗨大蜜桃！"

果子摊　旧时，街头果子摊卖各种水果，尤其是在农历八月十五中秋节前，大批秋果上市，种类繁多，供人过节选购。吆喝："今日到几儿了，十三四了，趁早儿买果子吧，十二个大钱了，沙果儿、槟子、蜜桃、闻香果来十二个钱就卖了，苹果、白梨、团圆果儿来呀，也是二百四来！"

卖柿子　农历八月中秋节前有青柿子上市，九、十月份卖黄澄澄的柿子，十一月天冷冰冻则卖冻柿子。青柿子脆，黄柿子甜，冻柿子软甜。旧时，人们在寒冬腊月常买一些柿子，放屋外冻着，等到过春节的时候吃。吆喝："赛了倭瓜的柿子来，皮儿涩了还又换来！""高桩儿的柿子来哎，六个大钱一堆儿来！""高桩儿嘞，柿子哎，涩了换嘞！""南瓜儿大的嘞，不涩的嘞，涩了还要管换的嘞！""大柿子咧，喝了蜜，涩啊管换！""喝了蜜的大柿子啊！"

卖柿饼　将盖柿、高桩柿子晒成干，压扁，叫作柿饼。有零卖的，也有卖成串的。柿饼外面挂一层白霜，其实是晒制过程中析出的糖分，所以吃起来特别甜。吆喝："柿饼儿，糖饽饽！"

卖荸荠　旧时，农历除夕晚上，多有小贩走街串巷挑担售卖。因为住户人家在除夕之前就已经把过年的用物都筹备完毕，"荸荠"与"必齐"谐音，除夕买荸荠，是取个吉利的意思。蔡省吾《一岁货声》说："仅卖数日，然后待夏初才卖，谓之先熟果。""夏令以三寸矮廓桶盛水，生熟两样分卖。京西吆喝'熟荸荠，约大荸荠！'约斤专卖生者。"吆喝："荸荠果儿来，好吃来又好剥来！"

卖豆腐丝　北京人爱吃豆腐丝，可以炒着吃，也可以凉拌吃，甚至不拌不炒直接吃。街上卖豆腐丝的大多也卖豆腐干等豆制品，一般是推车售卖。吆喝："豆腐丝儿噢！""豆腐干儿、豆腐丝儿、豆腐！"

卖冻豆腐　冬天，有卖冻豆腐的，小贩串街售卖。吆喝："大块儿的冻豆腐！""豆腐哦冻豆腐哦！"

糖果类货声

打糖锣挑子　指的是敲小铜锣专卖小孩吃的糖和小玩意儿的挑子。蔡省吾的《一岁货声》中介绍："敲小铜锣，专卖各种玩艺。糖瓜、糖饼、人参、鹿筋、麻花、死棍、菱角，各种金钱不落地，小儿钻坛子，花棒播鼗……木长虫，变八卦，七巧图，吹筒箭，万花筒，升官图，围棋，红鱼，六地骨牌，小弩弓，泥骰，宝盒，江米团，白石球，马尾虾蟆，苍蝇笼，瓦锅子，泥盒子，鸽子窝，琉璃泡，西湖景，琉璃小水烟袋，小风筝，沙燕，八卦门帘，鬼脸，大秃和尚斗柳翠，布老虎，泥美人，小胖小子，泥马，泥人模子，假胡子，霸王鞭，小鞭，匣炮，起花，地老鼠，滴滴金，黄烟炮，手拿花，炮打灯，菱角鞭。"

卖梨膏糖　这种糖是用糖加芝麻制成的，有指甲盖大小，连成糖板状，可以掰下零卖。有润肺止咳的功效。多是挎筐串胡同售卖。吆喝："大块儿的梨膏，越嚼越香哦！""大梨膏哎，蘸帖儿嘞大梨膏！"

卖关东糖、糖瓜儿　关东糖，呈方形或圆形的长棍儿状，用麦芽糖制成，做成小圆球类似瓜形的叫"糖瓜儿"。民间传说农历腊月二十三，是灶王爷上天向玉皇大帝汇报的日子，关东糖为祭品之一。旧时，祭灶日前有小贩串街售卖。吆喝："关东糖来！""赛白玉的关东糖！""买点儿糖瓜儿吧，您可别忘了祭灶啊！"

服饰类货声

卖布摊　旧时，北京天桥地区有许多卖布头儿的布摊，多是一人吆喝，两三个人随着搭话，如："这是最高加宽老人头的洋布哇。"旁边必有人附和喊道："不错！"吆喝："到了洋货店，真值您那三块五哇！到了我这摊儿，算您大洋整三块呀！您要不要，我还让哪，您给两块八、两块七、两块六，干干脆脆您给两块零八吊哇！"卖布不用尺，两臂左右平伸之距离算作一庹（音妥，但念讨），因此在量尺寸的时候吆喝："一庹五尺，两庹一丈。"

卖红头绳儿　过去，北京的大姑娘、小孩子扎辫子一般都是用红头绳儿。街上卖红头绳的，还带卖妇女用胭脂、粉等物。吆喝："红头绳儿来，俩大钱一庹！""胰子、粉、桂花油、洋胭脂、好洋针！"

卖头发、袼褙　袼褙，是用零头碎布一层层粘好晾干而成的厚片,是旧时家庭妇女做鞋用的。吆喝:"买好呦——头呦——发哟哎!""卖好头发来哟,卖大块儿布袼褙!"

卖针 吆喝:"针啊针啊针啊,好嗷呕! 南针哪,咿呐钢挑针嗒,买好洋针哪!"

卖鞋面、花儿样 旧时,妇女爱穿绣花鞋,而且大都是自己制作。因此,街上便有卖鞋面、绣花的花儿样子的。吆喝:"画花儿的鞋面儿,洋线绦子! 花儿样拣样儿挑,各式各样儿花红的蝴蝶儿咧! 三大钱一只!"

卖针线

卖鞋垫、毡垫 鞋垫、毡垫,都是冬天的御寒物件。吆喝:"鞋垫儿毡垫儿,耳朵帽儿,发行价儿!"

卖绫绢花 逢年过节或逢喜寿之日,妇女喜爱在头发上插戴绢花儿、纸花儿、绒花儿,如牡丹花儿、玫瑰花儿、石榴花儿、绒福字儿、绒喜字儿、绒寿字儿等。北京崇文门外花市大街一带是生产这种装饰花的集中地。在节庆日之前,一些小贩从这里批发一批,到市内胡同里走街串巷售卖。在清末,"用二尺许如折扇面样之纸匣,中贯扁杖,肩扛,又有挑两摞绿方匣者、有背一摞方匣者。各种绫绢、灯草、纸蜡、细花、带铜铁针,又有蝴蝶、绒球,大小各式。光绪十年后,兴出随时折枝,照真花做色,色逼真"。(蔡省吾《一岁货声》) 吆喝:"石榴花儿嗒拣样儿挑喂！""卖绫绢花喏！"

日用品类货声

卖砂锅 旧时，人们日常生活中多用砂锅、砂壶、炙炉（烙饼用）。街上有挑担或推车售卖的。吆喝："咿——咦哟喔,喔哦——砂——锅——哟——哦——！""炙炉儿，砂锅！""沙铫子砂锅噢！"

卖锅灰炉子 锅灰炉子，是一种含石棉的黏土制成的炉子，圆肚儿、圆盘儿，质地粗糙，颜色深如锅灰，所以叫"锅灰炉子"。小贩挑担售卖，矮帮筐上放尺寸大小不等的这种炉子。吆喝："锅灰炉子噢！"

卖水勺、饭勺 小贩多走街串巷售卖。除了水勺、饭勺，也卖刷子、筷子笼、笊篱等。吆喝："水勺儿、饭勺儿！""水勺儿、饭勺儿，鞋刷马刷子呀，大小笊篱噢！"

卖炊帚、笤帚 小贩推车或挑担串胡同售卖刷锅洗碗用的炊帚、扫地扫炕的笤帚。吆喝："买炊帚、大高粱苗儿笤帚！"

卖笸箩、簸箕 笸箩、簸箕，多是用柳条编的。旧时，胡同里有小贩挑担售卖。吆喝："笸箩、簸箕！"

卖炭 旧时，普通人家冬天取暖都是自己烧炉子，需要用木炭生火；另外，吃涮羊肉火锅，也需要用木炭。因此，入冬以后街上推车或挑担卖木炭的很是常见，边走边摇大鼗（一种皮鼓）。吆喝："约零炭来！"

卖劈柴　旧时，普通人家冬天取暖都使用煤球炉子，生火时需要劈柴。小贩将劈柴劈成二三寸长，论斤售卖。吆喝："约干劈柴！"

卖煤油　民国时，煤油灯逐渐盛行。煤油灯灯脚较高，灯口处穿灯草或棉线捻芯，旁有捻柄可调节灯捻升降，灯口上罩一透明大肚儿的玻璃灯罩儿。以煤油作燃料，富裕人家买白洋铁桶的整桶煤油，一般住户多在卖煤油的小贩处零买。小贩的担子上除煤油桶外，还带有漏斗、油提。油提是白铁皮做成，分半两、一两、二两半、半斤四种。买油的拿煤油瓶出来，小贩将漏斗插入瓶口，用油提从油桶中提油，倒入漏斗流进瓶中。吆喝："打煤油咧！""打煤油！"

卖灯草　灯芯草的茎部中心呈白色，可以用做油灯的灯芯。卖灯草的串街售卖。吆喝："灯草咧，奘灯草来！""灯草奘灯草！"

卖纸灯笼　旧时，杂货铺卖纸灯笼，用白纸糊成，呈小长圆形，夜里照明用；也有在路口卖的。吆喝："灯笼蜡，六个大！"

卖竹帘子　旧时，到了初夏，街上就有小贩卖竹帘子、凉席。吆喝："大小的斑竹帘子来，大小的凉席儿来！"

卖梳箆　旧时，街上常有挑担卖梳子、箆子的，也带卖宽窄各色带子。吆喝："带子！梳头的拢子来！刮头箆子！""大高货嘞，谁买货嘞，谁买货嘞，谁买哎高价的高货，管瞧对货管瞧对货，刮子刮子刮刮制高货，这样高货！"

卖耳挖子　耳挖子，也叫"耳勺儿"，是用铁或竹子做的长柄小勺儿，是掏耳塞（耳屎）用的。吆喝："来玉耳挖子蘸着蜡梅花儿唠,六个大钱一枝!"

卖扇子 旧时,夏季多有串街小贩挑担卖蒲扇、羽毛扇子。吆喝:"卖蒲扇,卖毛扇!"

卖胰子、碱 胰子,老北京人管香皂、肥皂叫胰子,有香胰子、洗衣裳胰子之分,还有圆球状的叫"猪胰子";碱,分为蒸馒头用的食用碱和洗脸、洗手、洗衣物用的一般的碱。吆喝:"卖大块儿洋胰子玫瑰碱!"

卖豆儿纸 豆儿纸,是旧时一般老百姓上厕所使用的一种手纸,质地粗糙,外表灰黑色。长约一尺余、宽半尺余,使用时用剪刀裁成二寸见方。一些油盐店有售,但更多的是穷苦老年妇女串胡同售卖。吆喝:"买豆儿纸!""黑豆儿纸,一大枚八张!"

卖耗子药 旧时,北京人多住平房,耗子(老鼠)很多。街上经常有小贩卖耗子药,手提一个铁盆儿,内装一包包的耗子药,扛一个白布旗,旗上画着老鼠偷吃东西的图。吆喝:"买耗子药!花钱不多,一包一窝!"也卖捉耗子的夹子,吆喝:"买耗子夹子咧,夹耗子!"

卖皇历 皇历,有大小两种,小皇历又叫《春牛图》,木版水印,当中为牧童打春牛,周围列有十二个月的日历,类似于今天的单页年历;大皇历装订成册,除印有日历、二十四节气外,还印有六十四卦图、黄道吉日等内容。多是小贩背着褡裢,内装皇历,于春节前、立春时节串街售卖。吆喝:"牛儿芒儿,过年的小皇历!""卖大本儿皇历!"

卖年画 每逢春节,人家都要买几张年画贴在屋子墙上,增添节日气氛，多是"吉庆有余""鲤鱼跳龙门"之类表示喜庆吉祥的内容。街上有搭席棚设摊售卖的，也有小贩串街售卖。吆喝："买的买来捎的捎，都是好纸好颜料。东一张，西一张，贴在屋里亮堂堂。臭虫他一见心欢喜，今年盖下了过年的房！""画儿来卖画儿！"

卖春联 旧时，从农历腊月十五到大年三十，北京的一些闹市街头都有临时设摊卖春联的，人们可以买已写好摆在那里的，也可以请摊主现写。春联又分街门对儿、屋门对儿、横批、春条、福字斗方等。吆喝："街门对儿，屋门对儿，买横批，饶福字儿！"

卖门神、挂千儿 旧时，人们在春节前要买门神像贴在门扇上，据说可以把邪恶挡在门外；挂千儿，也作"挂钱儿"，一般用红纸或彩纸剪成，呈长方形，上有"五谷丰登""吉庆有余"之类吉语，底部为流苏，贴于屋外门窗之上；还有供佛用的八仙挂千儿和市肆用的小挂千儿。《燕京岁时记》说："挂千者，用吉祥语镌于红纸之上，长尺有咫，粘之门前，与桃符相辉映。其上有八仙人物者，乃佛前所悬也。是物民户多用……其黄纸长三寸，红纸长寸余者，曰小挂千，乃市肆所用也。"吆喝："门神咧挂钱儿来！""揭门神，请灶王，挂钱儿闹几张！""百分儿来，挂钱儿来，门神、灶王来！"

卖供花儿 供花儿，是春节时供佛龛用的工艺花儿。小贩多串胡同售卖，一般是挎着大纸匣子，里面放着各种供花儿。吆喝："供花儿来，拣样儿挑！""上供的花嗻拣样儿挑！""石榴花儿嗻拣样儿挑喂！"

服务类货声

锔碗儿 旧时，家里使用的茶壶、茶碗、饭碗、碟盘、帽筒、掸瓶等陶瓷器皿，如有摔损，可请手艺人给修理。手艺人多挑担串街服务，担子挑着小木柜，里边放有小锤子、小钳子、金刚钻头等工具，还有大小不等的铜锔子、装白灰泥的盒子。小木柜上悬挂一面小铜锣，两旁各悬一副铜摆子，走动时铜摆子左右摇摆，撞击小铜锣，发出清脆的响声。干活儿时，先扯弓弦，用金刚钻在瓷器破损处两侧打眼儿，钉上铜锔子锔紧，再抹白灰泥。吆喝："锔盆儿锔碗儿，锔大缸啊！"

锔缸 旧时，人们存饮用水、腌菜和放粮食多用大缸。锔缸手艺人是修理大缸裂纹的。吆喝："粘缸锔缸！""锔破缸哦！"

焊洋铁壶 旧时，人们煮水用的壶、水舀子（水氽儿）等大多是白洋铁的，洗脸盆大多是搪瓷的，如有损坏漏水，可请手艺人给修理。手艺人多挑担串街服务，担子一头儿放小火炉，架子上挂着几个洋铁壶；另一头儿放焊壶用的锡、镪水、小烙铁、锤子、钳子、白铁片、小凳子等材料、工具。吆喝："焊洋铁——壶！"

修笼屉 旧时，人们家里蒸锅用的多是木帮、芦席盖、竹条儿笼屉，如有坏损，可以修理，或更换木帮、芦席盖、屉条儿。手艺人挑担串街服务，带有薄的柳木板、芦苇席、藤条儿等材料以及铁锥子、钻头、锤子、刀子等工具，也兼修理笸箩、藤椅、儿童藤车等。吆喝："缝笸箩、收拾笼屉！""镟笼屉呀！""修理笼屉哟！"

锔锅、锢露锅 手艺人推车走街串巷服务，车上有小火炉、煤块儿、铁屑、铁锅子等。吆喝："哟，锢露锅呀哎！""锢露锅哟！""锔锅，锢露锅！"

修搓板 旧时，人们洗衣服多用搓板（也叫"钱板儿"），搓板上的横槽儿磨损了，可请手艺人给修理，也可以旧换新。修理搓板的工具只是一个半圆形的小刮刀，把搓板横槽儿刮深即可。吆喝："修理搓板儿！""换钱板儿！"

锔锅

修雨伞、旱伞 北京夏季多雨日晒，人们外出要打雨伞防雨，打旱伞遮阴。手艺人串街走巷修理雨伞、旱伞。吆喝："收拾雨伞咦！""收拾雨伞、旱伞！""拾掇雨伞、旱伞！""修理雨伞、旱伞！"

修皮鞋 旧时，街头有设摊修理皮鞋、球鞋的，也有串街的，大多身背小木箱和铁墩子：箱内装有大小鞋钉子、鞋掌、锤子、钳子、剪子、刀、缝针、麻线等；铁墩子上端略呈鞋底形，套上皮鞋便于砸鞋钉，下为一铁杆，铁杆尖锐便于砸入土中固定。吆喝："修——皮鞋！"

磨剪子磨刀 手艺人一般是肩扛板凳，也有推着车的，工具有粗细不同的磨刀石、抢刀以及一个小水桶，桶里放一把小水刷子，是往磨刀石上润水用的。这种手艺人的响器叫"惊闻"（也叫铁镰、挂镰、铁拍板），为五六块宽约寸余、长约四寸的黑铁板串联而成,边走边轻轻掂摇,发出"哗啦哗啦"之声。吆喝:"磨剪子,戗菜刀!""磨剪子来戗剃头刀子咦!"

娱乐类货声

卖金鱼儿 旧时,农历正月里街上多有挑担卖金鱼儿的,取新春佳节"吉庆有鱼(余)"的意思。小贩挑担售卖,担子一头儿是矮帮的圆木盆,中间用木板截成四格,分装大小各色金鱼儿,盆上覆草盖以免受冻;另一头儿是一个大圆筐,内装大小不等的圆玻璃缸。吆喝:"买大小金鱼儿来!""哎嗨,大小哎小金鱼儿嘞!"

卖琉璃喇叭、噗噗噔儿 琉璃喇叭、噗噗噔儿,是玻璃料吹制的小玩具,在旧时北京春节庙会上专卖,尤其以厂甸、白云观等庙会为多。琉璃喇叭,浅绿色,管径较细,柄长二三尺,下端为喇叭口状,用力吹时发出尖亢的声响;噗噗噔儿,暗红色,状如漏斗,大小不一,有平底儿但极薄易碎,需用小口吹气,平底儿受气流冲击发出"噗噔儿噗噔儿"之声。吆喝:"风吹燕儿风车儿,琉璃喇叭噗噗噔儿!"

卖莲花灯 旧时,每逢农历七月十五中元节,人们盛行放河灯、烧法船等活动。中元节晚上,孩子们则玩荷叶灯、蒿子灯、西瓜灯、莲花灯等,其中以莲花灯最漂亮好看,"以各色彩纸制成莲花、莲叶、花篮、鹤鹭之形,谓之莲花灯",一般分手举式的独朵莲花灯和手提式的小型花篮形莲花灯。多是摆摊售卖,也有串街的小贩。吆喝:"卖莲花儿灯!"

卖蝈蝈儿 每到夏季,人们喜欢养蝈蝈儿。卖蝈蝈儿的小贩挑担串胡同儿售卖,筐架上挂数个用秫秸秆儿或细篾儿编制的小笼子,每个笼子里装一只蝈蝈儿。吆喝:"买叫蝈蝈儿!"

卖金钟儿 金钟儿是一种秋虫儿,比蛐蛐儿小,黑褐色,雄性能振翅发出金钟儿般的清音,故名。以十三陵一带的最好。旧时,秋天有小贩串胡同售卖。吆喝:"听叫的,金钟儿!""十三陵的金钟儿真好听!"

耍猴 旧时,街头经常可以看到身背木箱,手敲铜锣,带着猴、狗、羊,串胡同儿的耍猴艺人。《燕京岁时记》介绍说:"木箱之内藏有羽帽乌纱,猴手自启箱,戴而坐之,俨如官之排衙。猴人口唱俚歌,抑扬可听。古称沐猴而冠,殆指此也。其余扶犁跑马,均能听人指挥。扶犁者,以犬代牛;跑马者,以羊易马也。"

耍耗子 旧时,耍耗子的艺人很常见,《燕京岁时记》介绍说:"京师谓鼠为耗子。耍耗子者,水箱之上,缚以横架,将小鼠调熟,有汲水钻圈之技,均以锣声为起止。"艺人身背小木箱,木箱上有小梯子、小轮子、小磨盘等,边走边吹唢呐,发出"喊儿啦哇哇喊儿啦哇哇"之声,招徕生意,找适当空地则放下木箱,指挥小白鼠表演爬梯、蹬轮、转磨等节目。

唱话匣子 旧时,人们管留声机叫"话匣子"。小贩肩背两个包,身前装的是唱片,身后背的是留声机,手里提着留声机的喇叭。吆喝:"转盘儿话匣子!""转片儿的话匣子!"

收换类货声

打小鼓儿的　这是旧时很常见的一种行业,即收旧物的。小贩走街串巷,手拿小细藤棍儿,敲击手指夹的直径近一寸的小鼓儿,发出"梆儿梆儿梆儿"的清脆声。因其收买旧物的不同,又分为"打硬鼓儿的"和"打软鼓儿的"两种:打硬鼓儿的,穿着整齐干净,多腋下夹一个小青布包儿,多与各古玩铺有往来,专门收购金银珠宝首饰、硬木家具、古瓷器、文物书画等贵重物品;打软鼓儿的,则是收破烂的。

收破烂　旧时,在胡同里看见有收破烂的。穿着破旧,背大筐或挑担,专门到贫苦人家收买破旧东西,如破旧衣服、废铜烂铁、不用的玻璃瓶子、废报纸、旧书本儿等。吆喝:"有破烂儿来,我买!""有洋瓶子、碎玻璃我买!""有大小洋喇子(即玻璃瓶儿)卖钱!""有破玻璃来卖钱!""有报纸、书本儿来,我买!""有碎铜烂铁来我买!"

换取灯儿　取灯儿,即火柴。旧时,有小贩身背大柳条儿筐、手里提着装有成包火柴和"肥头子儿"(即皂荚子)的布袋子,谁家有废书报纸、旧衣物等可以拿来换火柴或"肥头子儿"。吆喝:"换取灯儿来,换肥皂荚子儿若哦!""换取灯儿来,换肥角子!""换大肥头子儿,换取灯儿!换洋取灯儿!"

胡同艺文

楹联、歌谣及记写胡同风物的文章、著作,是北京胡同里特有的文化。这些文化,有的与胡同的建筑、风俗联系在一起,有的与胡同的历史文化、民俗文化及文学艺术联系在一起,使胡同文化有了艺文方面的传承。

胡同楹联

楹联,也叫"对联"。最常见的是每年春节门两侧的一副联。由古至今,上至达官贵人下至平民百姓,都把它作为辞旧迎新的一个信物粘贴在院门、屋门两侧,以增加节日欢乐团聚的气氛。人们习惯把它称作"书春",即贴"春联"。古代,在辞旧迎新之际有在门上挂上桃符的习俗。在上面分别刻有驱鬼避邪的神荼和郁垒的图像,以期达到避邪和保平安的作用。对联最早是从诗词对偶句(骈文)中摘出、演变而来,后来被移植融会到它的前身——桃符中,逐渐发展成为至今人们春节期间用大红纸贴在门两侧的春联。

早期有文字记载的对联始自后蜀皇帝孟昶的"新年纳余庆;佳节号长春",至今已有一千多年的历史了。北京最早有记载的对联见于《濯缨亭笔记》中。元大书法家赵孟頫奉元世祖忽必烈之命撰写殿上春联"九天阊阖开宫殿；万国衣冠拜冕旒"，后又书应门春联"日月光天德；山河壮帝居"。

春联的广泛流行，始自明太祖朱元璋在春节前夕传的一道圣旨，要求当时的皇都全城无论公卿士庶，家门上都要贴春联，后延续至今。

民居门联

旧时，在京城胡同中，无论是胡同四合院还是坐落在其中的商号、庙观、学校、官府、会馆，楹联几乎无处不在。胡同楹联大致可分为：镌刻在院门门板门柱上的及门两侧砖雕的长久楹联、逢年过节或操办红白喜事时临时所做的对联。

民居门联是指民居院落大门上的对联，其固定的形式是将联语雕刻在大门板上并涂上油漆颜料的修身言志联，临时的形式是迎春过年用红纸书写后贴在门板上或门框上的春联。由于门联以门板为载体，门板长不过两米，宽约一米，因此，门联的字数以四至七字为多，八字以上的则很少见。

京城近代的民居门联中，最常见最普通的一副莫过于"忠厚传家久；诗书继世长"。此外，"忠厚培元气；诗书发异香""为善最乐；读书便佳""立德齐今古；藏书教子孙""守身如执玉；积德胜遗金""持家尊古训；教子有益方""忠厚留有余地步；和平养无限天机""传家有道惟存厚；处世无奇但率真""向阳门第春长在；积善人家庆有余""敦诗悦礼；含谟吐忠""宏文世无匹；大器善为师""芝兰君子性；松柏古人心""德成言乃立；义在利

门联

斯长""居敬而行简;修己在安人""平生怀直道;大化扬仁风""恪勤在朝夕;俯仰愧古今""淡泊以明志;宁静而致远"等也是比较常见的老北京民居门联。还有不少门联表达了旧时发财致富的渴望,如"聚宝多流川不息;泰阶平如日之升""增得山川千倍利;茂如松柏四时春""全球互市输琛赆;聚宝为堂裕货泉""万寿无疆逢泰运;聚财有道庆丰盈"等。清末民初,前门外草厂八条25号和琉璃厂东北园北巷9号门上分别出现了"古国文明盛;新民进化多""物华民主日;人杰共和时"这样两副门联,表达了人民对民主共和的赞同与呼声。

大宅院门联自有一番讲究,如"卜居积水;世守研田""福荫芝兰秀;寿开棠棣荣""松柏有德性;龙鸾即文章"等。

京城的名人故居中,更有许多表达主人心志的门联。明正统十三年（1448年）进士、官至礼部尚书、谨身殿大学士的刘吉宅门联："貌如卢杞心尤险；学比荆公性更偏。"明代弘治年间，吏部尚书三原王公（恕）宅门联："任于朝者，以馈遗及门为耻；任于外者，以苞苴入都为羞。"明工部尚书张忠定宅门联："门多将相文中子；身系安危郭令公。"清翁同龢宅门联："老骥思千里；鹪鹩足一枝。"清代学士黄体芳（漱兰）门联："卜居雅近评花市；入直常过谏草庐。"

门联

　　清光绪年间大学士徐桐，家住东交民巷红厂胡同。在东交民巷辟为洋人使馆区后，徐桐进宫上朝时，宁愿绕道往东走崇文门大街，也不去洋人聚居的东交民巷。他还在住家的入门上贴出一副四字门联："望洋兴叹；与鬼为邻。"

　　清末重臣张之洞宅居什刹海东岸白米斜街，他根据此处地理环境，为他的宅第作了一副鹤顶燕尾格的嵌名联："白云青山，图开大米；斜阳细柳，春满天街"，将"白米斜街"四字嵌入联内。"大米"指宋代书画家米芾，"天街"指帝都，即北京。

　　西城区吴梅村故居门联将其宅与历史上两位名人相比："旁人错比扬雄宅；异代应教庾信居。"

珠市口西大街纪晓岚故居门上的对联"万卷编成群玉府；一生修到大罗天"，以两个典故，颂扬了纪昀编纂《四库全书》的功绩。上联的"群玉府"是帝王珍藏图书的地方，用以借指《四库全书》的珍贵；下联的"大罗天"是道家在三清之上的最高天，比喻纪晓岚的书法文章已达极高境界。

东城区府学胡同文天祥祠的门联是"花外子规燕市月；柳边精卫浙江潮"。联中巧借子规啼血和精卫填海的典故，既哀文天祥之遭际，又赞文天祥之高节。清人戴璐所著《藤阴杂记》中，说此联在南城鲜鱼口二忠祠，是祭祀文天祥和甲申之役身亡的李邦华的。

韩家潭路北铁树斜街有一条小巷叫大外廊营，胡同北头路西有一个街面不大的宅院，是京剧谭派创始人谭鑫培的故居。其门联"英杰腰间三尺剑，秀士腹内五车书"。上下联头一字嵌有"英""秀"二字，因为谭家的堂号是"英秀堂"。而上联的"三尺剑"表示"武"，下联中的"五车书"显示"文"，寓意谭氏是文武老生。

1925年至1927年间，北京曾有一个颇有影响的文艺团体"笑社"，发起人陈逸飞，社址在宣武门外铁门49号东跨院，其门联为："此地在城如在野；斯人非佛亦非仙。"

历史学家范文澜曾撰写的一副门联，被称为治学箴言而广为流传："板凳要坐十年冷；文章不写一句空。"以大白话入联，话语诚恳，对仗工整。"十年冷"和"一句空"言简意赅地讲明了研究学问要持之以恒和不尚空谈的道理。

春联

明清时期,京城人家例贴春联于门,其最普通者为:"帝德乾坤大;皇恩雨露深。"京师各官住宅每岁首大门的春联,皆书"圣恩天广大;文治日光华。"

清宣统年间,出现了春联"男女平权,公说公有理,婆说婆有理;阴阳合历,你过你的年,我过我的年"。

春联

民国初年,京城百姓感时代之变迁,撰写了不少庆贺共和、开辟新天的春联。如:"日新汉德;天福华民""炎汉开昌运;春风酿太和""中天日月从新纪;大地山河改旧观""金瓯永固,玉烛新调,庆祝中华一统;律凤初更,鸿基克定,欢呼民国万年""正朔所颂,合推阳历;韶华不远,独占先春""日月昭明歌复旦;星云虬缦仰重华"等。

1926年春节,梁启超撰写一副春联:"卿自用卿法;吾亦爱吾庐。"

1949年中华人民共和国成立后,京城胡同民居春联每年除有不少人家仍沿用诸如"一元复始;万象更新""三阳开泰;万象回春""山明水秀;鸟语花香""天增岁月人增寿;春满乾坤福满门""有天皆丽日;无地不春风""岁岁平安日;年年如意春""接天瑞霭千家乐;献岁梅花万里香"等传统词汇和内容外,随着时代的进步,反映社会时势和民情变化的新式春联出现并逐渐普及与流行。如"城乡比翼;山海扬辉""生产日日长;幸福年年增""绿树千门丽日;红旗万里东风""日月光华照大地;人民伟业谱新天"等。

1962年2月3日,《北京晚报》登出了老舍先生的六副春联,其中一副当年被许多人当作门联。联为:"除夕立春同日双节;随时进步一刻千金。"

1964年元旦,《光明日报》刊登一读者的三副春联,其中一副为:"旭日升起东方,光弥宇宙;寒流逃到天外,春满人间。"

1978年马年春节,西城区花园宫胡同一人家在大门上贴出一副大红对联:"梅柳渡江,乾坤增色;骅骝开道,岁月更新。"

进入21世纪以来,新春联出现在北京的街巷胡同,如"神州美景千年盛;华夏春光百载新""人逢盛世皆添笑;花到阳春尽展眉""举国良图奔四化;中枢善策颂三通""九州春色竞争红紫;一代新人各领风骚""乐奏小康人迎四化;年歌大有春暖千家"等。

胡同歌谣

北京的胡同歌谣,也叫"顺口溜",大部分是口头流传,且能说能唱,边说边唱。

《小白菜儿》,是老北京胡同里流传很广的歌谣,其中第一段是:

小白菜儿呀,地里黄呀,

三两岁呀，没了娘呀；

跟着爹爹，好好地过呀，

就怕爹爹娶后娘呀。

时政歌谣是老北京胡同歌谣的一大特色，这些歌谣上可以骂到皇帝，下可以讽刺到平民百姓，如清末歌谣：

你问我，我问谁，

除了宣统都是贼。

别看皇帝岁数小，

今儿明儿长不了。

《打花巴掌》和《拍手歌》，是北京胡同里流传很久的歌谣。

打花巴掌的正月正，

老太太爱逛莲花灯，

烧着香啊，捻枝花呀，

茉莉花啊，攀枝莲儿啊，

江西腊呀吧海棠花呀。

…………

你拍一，我拍一，一个小孩坐飞机；

你拍二，我拍二，两个小孩梳小辫；

你拍三，我拍三，三个小孩吃饼干；

你拍四，我拍四，四个小孩去看戏；

你拍五，我拍五，五个小孩打花鼓；

你拍六，我拍六，六个小孩吃羊肉；

你拍七，我拍七，七个小孩吃烧鸡……

这首儿歌的歌词也可以编成各种各样的,只要押韵顺口,一直拍到十为止,然后还可以再从头来。

在胡同深处的四合院里,老人给小孙子唱着歌谣:"小小子儿,坐门墩儿,哭着喊着要媳妇儿。"

孩子们在四合院背阴处的砖墙找水妞儿(蜗牛),找到以后,就会手拿水妞儿唱:"水妞儿,水妞儿,先出犄角后出头。你爹你妈,给你买个烧羊肉噢。"

夏雨即来,雷声在轰响,孩子们会在胡同里唱:"风来了,雨来了,老和尚背着鼓来了。"天要下雨,孩子们在大胡同里或小院里边跑边唱:"大头,大头,下雨不愁;人家有伞,我有大头!"雨下来了,孩子们还会唱:"下雨喽,冒泡喽,王八戴上草帽儿喽。"

老北京人,大多会唱《小耗子上灯台》这首儿歌。这些歌谣历史相当长,歌词又很稳定,姥姥教妈妈,妈妈教女儿,就这样一代又一代地传播:

小耗子,上灯台,

偷油吃,下不来,

叽里咕噜滚下台。

还有一首儿是以花为内容的:

茉莉花,茉莉茉莉花,

转日莲,江西腊,海棠花……

跳皮筋儿的女孩子们边跳边唱:

小皮球,香蕉菊,

马兰开花二十一。

二五六，二五七，

二八二九三十一。

三五六，三五七，

三八三九四十一。

…………

猴皮筋，我会跳，

三反五反我知道；

反贪污，反浪费，

官僚主义我反对！

北京的胡同歌谣中，有大量以地名或名胜古迹为内容的歌谣。这样的歌谣，等于是一幅导游图。如《平则门拉大弓》：

平则门，拉大弓，过去就是朝天宫。

朝天宫，写大字，过去就是白塔寺。

白塔寺，穿红袍，过去就是马市桥。

马市桥，跳三跳，过去就是帝王庙。

帝王庙，绕葫芦，过去就是四牌楼。

四牌楼，卖花枝，过去就是黄城根。

黄城根，三堆土，过去就是宗人府。

宗人府，往北趟，过去就是河运仓。

河运仓，往东调，过去就是西厂桥。

西厂桥，站一站，眼前就是宛平县。

宛平县，往北拐，前面就是什刹海。

什刹海，愣愣神，往东就是地安门。

地安门，掉个头，北边就是钟鼓楼。

从歌谣的内容来看，这首歌谣源于明代。明代，"平则门"改称"阜成门"，但在民间，百姓依旧习惯地将"阜成门"叫作"平则门"。歌谣中有"帝王庙"，可以认定它产生于明代，因为"帝王庙"始建于明嘉靖九年（1530）。

还有一首说地名的胡同歌谣为《东直门挂着匾》：

东直门，挂着匾，隔壁就是俄罗斯馆。

俄罗斯馆，照电影，隔壁就是四眼井。

四眼井，不打钟，隔壁就是雍和宫。

雍和宫，有大殿，隔壁就是国子监。

国子监，一关门，隔壁就是安定门。

安定门，一甩手，隔壁就是交道口。

交道口，卖白面，隔壁就是大兴县。

大兴县，不问事，隔壁就是隆福寺。

隆福寺，卖古书，隔壁就是四牌楼。

四牌楼南，四牌楼北，四牌楼底下卖凉水。

胡同的利用

街巷胡同的最初功能,是交通通道和防火通道。随着社会发展和人们生活的需要,街巷胡同单一的功能被打破,逐渐出现了集市和街市。现代北京,胡同又增加了旅游的功能,胡同成为中外游客向往的地方,胡同游也成为一种时尚。

街巷胡同的最初功能,是居民居住地的交通通道和防火通道。随着社会的发展和人们日常生活的需要,街巷胡同的原本比较单一的功能被打破,街巷两侧的房间逐渐被商业等活动利用起来。商贸活动,使乡村和城市出现集市;城市的发展,使城市出现街市。

远在上古时代,"市"已经出现。《易·系辞》记:"神农日中为市,致天下之民,聚天下之货,交易而退,各得其所。"这里的"市",应该是我国最早的以货易货的集市。到了周代,管理严格的市场开始出现。《周礼》记载:市有"司市"(市官之长),有"质人"(主管平定物价者),有"胥师"(稽查税收者),有司虣(维护市场秩序者)。周代有三市,即朝市(早市)、日昃(太阳偏西)市(午后市)、夕市(晚市)。夕市后来发展为"夜市"。

周代的"市",与王宫及百姓的居住地实行分建分设。《周礼·考工记》在记述王城的规划时称:"匠人营国,方九里,旁三门。国中九经九纬,经涂九轨,面朝后市,左祖右社……"其中的"面朝后市"是一种设计,也是一种规定。元建大都,就是按照《考工记》的规定营建的。当今的积水潭、什刹海一带,有连通着大运河的货运码头,同时也有商铺林立的货市。这货市,一直延续到明清时期。

清初,朝廷下达了非旗人不得在内城居住的禁令。在此禁令之下,大批汉籍官员移居宣武门外,前门外聚居了许多商人,崇文门外则是工匠的聚集地。这些地区的一些街巷胡同,渐渐出现铺面房,用于商贸店铺、饭馆、酒肆及娱乐场所,从而造就了后来的"宣南文化"区及前门大街、崇文门外大街一带的商业区。光绪年间，清政府实行"新政"，不仅内城的禁居令废弛，市场也得以在内城开放。开放市场，使得北京内城的一些街巷胡同开始出现商铺，并发展成商业街。北京内城最早得以开放的市场是王府井地区。光绪二十九年（1903），现王府井北端占地30亩的八旗练兵场改作每天开放的市场。因为这一市场邻近皇城的东安门，所以被称为"东安市场"。

居住禁令下达以后，非旗人的官员和平民迁出了内城。这些强制措施，不仅使北京的原住民抛家舍业，同时也给内城八旗兵及其家属带来诸多不便。因为清初旗人不得经商，内城的商贩又被赶到外城，所以八旗贵族和八旗驻防军的日常生活用品都需到外城去购买。为了满足这一需要，小商小贩开始在内城沿街巷胡同叫卖。从清初到民国时期，到中华人民共和国成立初期，走街串巷的小贩的足迹遍布京城。这其中有：挑担卖菜的、卖豆腐的、卖水果的，推车卖灌肠的、卖切糕的、卖豆汁的、卖茶汤的、卖烤白薯的、卖冰糖葫芦的，挎篮卖驴肉火烧的、卖芸豆饼的；此外还有戗刀子磨剪子的、剃头的（旧时剃头的挑子，一边带有小火炉和洗头用的脸盆儿，一边挂一只三条腿的小板凳，因此老北京有"剃头挑子一头热"之俗语；后串胡同剃头的只用白包裹皮儿包裹剃头器具）、收破烂的、打小鼓的等。

胡同商市

街市

在明清时期,北京的一些胡同里开始出现各类街市。一类街市为集市,为定期买卖货物的市场,如逢年过节、逢五逢十等,多为摊位形式;一类街市为季节性市场,如灯市;一类为常年街市,以铺面房经营为多。

果子市 在老北京有两处。位于德胜门内丁字街的称为"北市",位于前门大街东侧果子胡同的称为"南市"。果子市最早出现在明代,老北京果子市的店铺多为清乾隆时期的遗存。果子市经营分淡旺季。淡季从每年农历十月到次年五月,这期间主要以经营干果为主,也有少量从外地运京的鲜果。旺季从每年农历五月至十月,以经营鲜果为主。

1956年,政府将果子批发行业迁至永定门外沙子口。

猪市 位于前门外珠市口一带,是销售活猪的集贸市场。明清时期北京近郊各县农民饲养的活猪通过猪贩集中收购后,将猪赶到猪市进行交易。到清代末年,因贩卖猪肉的行业日趋专业化,加之前门外已成为繁华的商业街,猪市则分散到各区内。民国初年新建屠宰厂后,猪市完全消失,地名已改为珠市口。内城的"猪市",在东四牌楼以西的大豆腐巷、小豆腐巷,内曾有许多屠猪作坊,其巷北口称猪市大街,后改为东四西大街。

布市 位于前门大街东侧布巷子胡同。清道光、咸丰年间逐渐形成集市,是北京最大的布匹集散地。布市以批发为主,只有少量店铺兼营零售。1953年政府对布匹实行统购统销,布市大多数店铺于1955年至1956年公私合营。

鱼市 位于前门外鲜鱼口与肉市街相连地段。鱼市经销分为淡、旺季,每年夏秋是鱼市买卖比较兴隆的时期,咸、淡水鱼均有销售。到清代末年,因整修前门外商业街,鱼市迁到前门外西河沿,鲜鱼口发展成一条多种经营的商业街。

鲜鱼口街旧貌

菜市 位于西城区中部,地处骡马市大街、宣武门外大街、广安门内大街和菜市口大街交会处。明代中后期,形成蔬菜交易市场,称"菜市街"。清初,蔬菜交易不断扩大,清中期始称"菜市口",该名沿用至今。菜市主要集中在菜市口的西段,菜店多达30多家。广安门外六里桥、小井、大井和右安门外草桥、菜户营等地的菜农都将蔬菜运到这里销售。清代，菜市口是刑场。民国时，菜市口刑场被废除，这里逐渐成为商业区。中华人民共和国成立后，菜市口成为商业区和交通要道。

草市　位于前门大街东侧西草市街。草市主要经营牲畜的饲料草。京郊农民到夏秋之季，就打集青草，运到草市上卖。草市上有专门收购、批发草的店铺，把收购的草在草场上堆放，再批发给购草的主顾。草市上的店铺多是夏收冬藏，四季供应。

铺陈市　位于西城区。该地为旧时废旧布头及其他零碎棉织物的集散地（老北京将做鞋底打袼褙用的碎旧布头称为"铺陈"）。清乾隆年间称"穷汉市"，光绪年间称"补拆市""补陈市"，后更名为铺陈市胡同。该胡同为南北向，南起永安路东端，北至珠市口西大街西口。

铺陈市旧貌

缸瓦市 位于西四南大街与西安门大街原丁字路口的南段，后称缸瓦市大街，以卖陶瓷制品而得名。现统称西四南大街，其北端为"西四商业区"，其南端与"西单商业区"相接。

花市 位于崇文门外花市大街。花市大街在明代称"神木厂大街"，其名源于明永乐二十年（1422）在崇文门外建的神木厂。明末清初，神木厂一带居住着许多以做纸花、绢花为生的手工业者。他们每天在街头设摊卖花，形成花市。清代，神木厂被迁到广渠门外以后，神木厂大街更名为花市大街。花市大街以羊市口为中心，以东为东花市，以销售装饰花为主；以西为西花市，以销售京郊丰台花乡的鲜花为主。花市最繁荣时期在清中叶至民国初期，20世纪30年代至40年代开始衰落。

羊市 位于崇文门外羊市口附近，是以经销西北地区牧养的成羊为主的集市。到清代中期，羊市被废弃。

蒜市 位于广渠门内大街西口，为季节性集市。每到新蒜成熟后，京郊农民就将蒜扎成辫，运到蒜市上销售。现今的崇文门外大街和广渠门内大街相交的十字路口一带即为原先的蒜市口。

葱市 位于崇文门外大街东唐街葱店巷附近，为季节性集市。每到新葱长成后，京郊农民将葱运到葱市来销售。

驴市 位于西城区。该地在明代属思诚坊，名"驴市胡同"，以驴、骡市场而得名。清宣统年间废驴市，后更名为"礼士胡同"。该胡同东起朝阳门南小街，西至东四南大街。

骡马市 位于西城区。该地因明代的骡马交易市场而称骡马市大街，该街东起虎坊桥，西至菜市口。清初废此地骡马交易市场，街名延续前称。

灯市 位于东城区,东起东四南大街,西至王府井大街。明代,该地属明照坊,因举办灯市而得名"灯市""灯市大街"。清光绪年间,该地称灯市口大街。明迁都北京后,该地每年正月初八至十八举办灯会,正月十五元宵节(上元节)灯会达到高潮。灯市期间,夜晚放灯,白天为市;沿街两旁所搭街楼,供人赏灯、宴饮。

白桥市场 位于东城区白桥大街。该街北起崇文门东大街,南至广渠门内大街。该市场主要以贩卖从民间收集来的旧瓷器、旧铜器和其他一些民间用品为主,后经政府有关部门的整顿,白桥市场被撤销。

厂甸庙会 以举办地厂甸而得名。现今的厂甸,是一条小胡同,呈"L"形。其胡同的南口在东琉璃厂街中国书店东侧,其西口面对南新华街。胡同的东侧,原有吕祖祠,现祠内已成民居杂院,只留下一座绿琉璃瓦的残殿,也成民居。胡同内有多家宣纸专卖店。昔日吕祖祠前是一片空地,是厂甸庙会的所在地。现空地已建房,为中国书店所用。据当地老住户讲,吕祖祠毁于"文化大革命"时期。

辽时,这一带是辽南京城外的一个小村,称海王村。金代称海王邨。元代,官方在此修建琉璃窑厂,窑厂四周的空地称厂甸。明嘉靖年间扩建北京外城时,这一带已有集市形成,周边相继建成吕祖庙、观音阁、火神庙、仁成庙、仁威观、真武庙、延寿庵等寺庙。随着各寺庙香火渐旺,形成了各自独立的庙市,与厂甸集市相互呼应,逐渐形成以厂甸庙会为中心的大规模春节庙会，每年农历正月初一至十五举行。1928年后，厂甸庙会于每年的公历新年和农历正月两次开市。1949年后，又改为农历正月举行。庙会期间，琉璃厂东西街口、南新华街及吕祖祠、大小沙土园等处高搭席棚，货摊连成一片，其间有字画、书帖、金石、珠宝玉器及彩绘蛋、灯笼、剪纸、泥人、戏剧脸谱等；最具特色的是1米多长的大糖葫芦、随风旋转作响的风车及空竹等。此外，吹糖人的、捏面人的，吸引着许多儿童的脚步。北京的风味小吃——面茶、油茶、杏仁茶、炸灌肠、卤煮火烧、豆腐脑、丸子汤、炸糕等应有尽有。

海王村公园旧址

"文化大革命"期间，厂甸庙会停办。2001年春节，厂甸庙会得以恢复。厂甸春节庙会名为"庙会"，实际上为街市，或为春节期间的集市；其举办地也不在厂甸，而是在和平门南至虎坊桥路口的南新华街内。

琉璃厂文化街 位于西城区，由琉璃厂西街和琉璃厂东街组成。在隔南新华街相望的街巷内，有许多著名老店，如槐荫山房、古艺斋、瑞成斋、萃文阁、一得阁、李福寿笔庄等,还有中国书店,以及西琉璃厂原有的三大书局——商务印书馆、中华书局、世界书局。琉璃厂西街最著名的老店则是荣宝斋,前身是"松竹斋",光绪年间取"以文会友,荣名为宝"之意,更名为"荣宝斋"。著名书法家陆润庠题写了"荣宝斋"三个字。清末,文人墨客常聚此地,而民国年间老一辈书画家如于右任、张大千、吴昌硕、齐白石等也是这里的常客。荣宝斋最著名的要数木版水印和复制品了。荣宝斋的木版水印技术融刻版、印刷、折裁等技术为一体,使水印品的艺术更臻完善,曾得到鲁迅先生的赞许。改革开放以来,在市、区各级政府的支持和倡导下,琉璃厂经历多次翻建和修缮,两条著名的文化老街又焕发出青春。如今的"琉璃厂文化街",成为广集天下图书、字画、古玩、文房四宝于一体的文化街,成为国内外游客的必游之地。

晓市 为旧北京的一种特殊的集市。这种集市白天不开市,开市时间为凌晨3时至早7时,天一亮就散,实际上是"夜市"。

早在明代,北京的胡同里就开始出现了这种晓市。天亮前开市,破晓收市,卖的东西大多以旧货为主,包括衣帽鞋袜、桌椅板凳、金银首饰、古玩玉器、书画字帖等,其中不乏伪劣假冒物品及偷盗的赃物。由此,这种街市也被称为"鬼市""黑市"。在"鬼市"卖货的主要为"打鼓的"。打鼓的分两种:一种叫"打硬鼓的",其人腋下夹一个蓝布小包,内包戥子和试金石,专收金银首饰、古玩玉器、名人字画、硬木家具等;一种为"挑筐的",肩担两个竹筐,白天串胡同收百家货物,晚间到"鬼市"卖货。

打鼓的与同行人做生意,多用行话、手语。行话的数字为:么(一)、柳(二)、搜(三)、扫(四)、崴(五)、料(六)、撬(七)、奔(八)、脚(九)、杓(十)。手语为:两个人把手缩在袖口里,互相捏手指头讲价钱。

旧时,老北京有三大晓市:地处德胜门的为"北晓市",地处宣武门的为"西晓市",地处崇文门外的为"东晓市"。现东城

东晓市旧影

区有东晓市街。该街东起磁器口大街,西至鲁班胡同,以昔日的"晓市"而得名。该街明代称苜蓿园北,清称东小市,民国时改名东晓市,后更名东晓市大街,1965年定名东晓市街。《宸垣识略》记:"东小市在半壁南街,隙地十余亩,每日寅卯二时,旧货物者交易于此,惟估衣最多。"民国时期,北平有南、北两个晓市,"南市"在崇文门外,"北市"在德胜门外北河沿。

1949年初,北京有旧货晓市5处,在德胜门、安定门内、

宣武门外老墙根以及崇文区（今东城区）的红桥、白桥。1949年5月，有关部门对晓市进行整顿，旧货晓市的规模逐渐缩小。1955年以后，对旧货摊商进行改造，经营旧货业务逐步由国营信托公司、公私合营信托商店代替。1957年，上述5个旧货市场已不复存在。

晚市 在午后开市，到黄昏收市。上市物品有日用杂货、衣服及铜锡器物等，其中以旧衣物居多。旧时晚市，有宣武门、德胜门、朝阳门、安定门4处。"打小鼓的"（串街收旧货的商贩）、旧货行（经营旧货的店铺）、摆小摊的，都喜欢赶晚市。晚市上有一般旧货和古玩字画，还有"老虎活"（如用旧布、旧棉花做里，外面用新布做成的棉衣）和"捯饬货"（以旧货刷新冒充新的）和假货，货主看人要价，看人行事，也有的以"托儿"来蒙骗顾客。

20世纪80年代的改革开放初期，许多在"文化大革命"前或"文化大革命"初被关闭的北京的街市和胡同店铺开始恢复。此后，一些新型的"特色商业街"逐步形成。

红桥市场 其前身为红桥农贸市场，最初是在法华寺街、磁器口南口自发形成，商贩席地经营瓜果、蔬菜。1980年，该市场迁至天坛路，南端临近天坛公园东门，围坛墙向北至天坛公园北门。1985年后陆续改造为半封闭式大棚，经营品种增加了民间旧货和工艺品。为保护天坛公园风貌，该市场于1995年1月迁入新的红桥市场大楼。

烟袋斜街 东西斜向，东起地安门外大街，街口距鼓楼仅百米，西口稍南处为燕京小八景之一"银锭观山"的银锭桥。清初称斜街。清末街内曾有一经营烟袋的店铺,生意兴隆,并有约1.5米高的木制大烟袋为幌子,故改名为烟袋斜街。民国初期街内生意兴旺,饮食业有震阳春烧饼铺、何记兄弟叉子火烧、炸泡果子店、李二炸虾店、义和轩酒店,还有温记小染作、中和当铺等。街中文化气息浓厚,集中了宝文斋、敏文斋、太古斋等古玩店和十几家湖笔店、裱画铺。街道老北京色彩浓郁,建筑风格朴素典雅,旧有"小琉璃厂"之称。

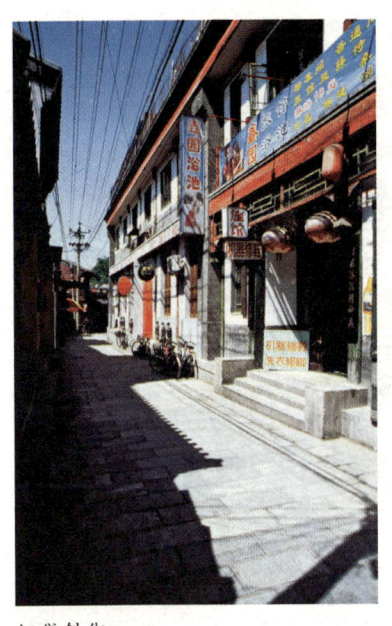

烟袋斜街

潘家园旧货市场 在朝阳区潘家园。潘家园东起潘家园东里,西至广渠门南滨河路;北起劲松七区,南至潘家园路。市场中间部分为覆盖着大棚的摊位,大棚之外有铺面房及地摊。除古董旧货之外,市场内有许多仿古家具、仿古瓷器,各色玉器、石雕、字画、旧书等。

珠宝一条街 在西四羊肉胡同,该胡同在明代因羊肉集市而得名。胡同东起西四南大街,西至太平桥大街,全长820米,宽5米。现东段形成北京珠宝一条街,其间有国家珠宝玉石质量监督中心、中国地质宝石矿物公司、天然珠宝销售第一厅以及多家珠宝专营店。

马连道茶城

京城茶叶第一街 在马连道路。马连道，位于西城区西南部，北起广安门外大街，南至三路居路。金代为金中都西垣一带，元毁金中都，该地以多沼泽、苇塘，盛长马蔺草而转音得名。清末称马连道，中华人民共和国成立后该地建为仓库区。

2000年6月，该处开始筹建以经营茶叶为主的特色商业街，当年9月28日开市，后被北京市商委命名为"京城茶叶第一街"。该街全长1500米，建有京鼎隆、京闽、信义祥、京马、马连道5个批发茶叶市场，有茶商600多户，独立经营门店100余户。

秀水街市场 位于建国门外秀水东街，西邻祁家园外交公寓，东邻东大桥路居民楼，其北为外国驻华使馆区。1985年，街南段在地摊的基础上辟为商业街。街内的摊商，以经营服装为主，品种、规格、款式繁多，具有国际时装特点，并经营箱包、皮鞋、工艺品、小商品等。由于物美价廉,这一设在狭窄巷子里的街市,每天光顾的顾客近万人,其中外国顾客60%以上。在近20年中,秀水街形成一种特殊的商业文化,被称为"国内最具多国语言文化交流和自由砍价为特色的综合性商业街",并成为中国改革开放的缩影。

餐馆

在北京胡同深处,星星点点坐落着一个又一个餐馆,以独特的四合院和仿古小楼,吸引着大批食客。

烤肉季　在地安门外大街西侧弯弯曲曲的胡同深处,在水波潋潋的什刹海东北岸,有一座古香古色的三层小楼,门面店匾上写"烤肉季"三个字,这便是发迹于清代道光二十八年(1848),以烤牛羊肉而闻名中外的饭庄。"酒香不怕巷子深",旧时的烤肉季饭庄把蘸过作料的牛肉片或羊肉片在木柴烧热的"炙子"上烤炙,吃起来自有一番粗犷的原始风味。烤肉季的烤肉,不仅有老、嫩、焦、糊之分,而且有甜、咸、辣味之别。此外,它所经营的清真菜系独具风格,其"招牌菜"的代表为:炸羊尾、鸡米海参、扒驼掌、烹大虾、杏干羊肉、糖熘卷果、炒麻豆腐、松鼠鳜鱼。坐在烤肉季内吃烤肉,可见窗外碧波杨柳。旧诗写道:"地安门外赏荷时,数里红莲映碧池。好是天香楼上坐,酒阑人醉雨丝丝。"

便宜坊　前门外鲜鱼口内的便宜坊烤鸭店,创业于清咸丰五年(1855)。北京最早的便宜坊烤鸭店创业于清乾隆五十年(1785)

左右，建在宣武门外米市胡同。鲜鱼口便宜坊后来居上，以焖炉烤鸭名满京城。"文化大革命"期间，该店更名为"新鲁餐厅"；1978年，鲜鱼口店恢复传统的焖炉烤鸭，后又在崇文门外建新店。

全聚德 前门外南通鲜鱼口的肉市胡同内的全聚德烤鸭店，创业于清同治三年（1864）。创业初始，全聚德为"烧鸭店"，且规模较小，只有一座挂炉。经过二三十年的经营，在原地扩建为两层小楼。除吊炉烤鸭外，该店的名菜有"油爆鸭心""芫爆鸭肠""烩鸭舌""烩鸭肝""拌鸭掌"等。1954年，全聚德在西单设第一分店（后撤销）。1959年，在帅府园开办第二分店。1964年，肉市胡同的全聚德老店经1962年扩建以后又在老楼的西边隔着肉市胡同建起营业楼房，其铺面面对前门大街，并在新店楼和老店楼之间修建了过街天桥，将前后两店连通。1978年，七层楼的全聚德和平门店开始营业。

全聚德

会仙居 坐落在鲜鱼口内路南，始建于清同治元年（1862），是经营北京特色小吃的炒肝老店。开店初始，只是一家小酒店，卖黄酒，下酒小菜为花生仁儿、咸鸭蛋等。光绪二十六年（1900），该店开始专营炒肝。后与天兴居合二为一。

孔乙己酒店 在东四路口向北路东。这家酒店经营的是绍兴菜，白墙、黑栅栏木窗，在这片以"银街"闻名的都市商业街区里显得格外低调。进门来却别有一番滋味。迎头是鲁迅先生半身塑像，下面零散摆放着一些先生的著作。

除胡同餐馆外，北京还有一些特色饮食街。

隆福寺商业街　该街东起东四北大街，西止美术馆东街，全长632米，宽7米，因街内隆福寺而得名。清雍正九年（1731），雍和宫改为喇嘛庙，隆福寺改为雍和宫下院。此后，许多商贩在寺庙附近摆摊售货，出售各种小吃、茶水、杂品，同时有民间艺人表演杂耍。后清官府在街内建排子房，出售给商民营业，致使隆福寺街逐步发展成商业街。清乾隆五年（1740），白魁清真羊肉馆在庙前东侧开业。道光、咸丰、同治年间，三槐堂、同立堂、天坛阁等书店，福全馆、隆庆堂等饭庄，西天成烟袋铺，鸿记照相馆等相继在街中开业。随后，连仲元湖笔徽墨庄及一些古玩店、玉器作、裱画铺也来此开店或作坊，特别是古旧书业深受学

旧时隆福寺庙会

者、教授、文人墨客的青睐，成为京城仅次于琉璃厂的第二条文化商业街。中华人民共和国成立后，12家书店转入中国书店，只保留一个门市部至今。20世纪80年代后，街内有90多户商店专营服装，成为隆福寺街的一大特色，并兴建起隆福大厦。随着1993年的一场大火，曾经繁荣一时的隆福大厦及商业街灰飞烟灭。之后，虽又重新修整，但人气大不如前，至2001年正式停业。如今，新的隆福大厦即将对公众开放。

门框胡同小吃街 门框胡同北起廊房头条，南至大栅栏，全长165米，均宽3米，因南段胡同内有一石制门框而得名。历史上是连接廊房头条和大栅栏两条商业街的重要通道。门框胡同小吃业伴随大栅栏商业的兴旺而繁荣，主要有"年糕王""爆肚冯""豆腐（脑）白"等，还有开业于清康熙年间专卖酱牛肉的复顺斋。至民国初，这条长160多米的胡同里，专卖小吃的多达20多家，是旧京著名的小吃街。

门框胡同小吃街

簋街 位于东直门内，从北新桥路口一直到二环路东直门路口。由于谐音和每至晚间更显繁荣等诸多因素，该街又有"鬼街"之俗称。该街两旁有各种风味美食餐厅，其中既有以生猛海鲜为特征的粤菜，又有以豆汁、焦圈、麻豆腐等闻名的老北京风味食品。麻辣小龙虾和香辣蟹，是簋街的传统菜。这里的饭店，每天消耗的小龙虾可以吨计。该街是一条大众化和具有世俗情调的食街。

东华门大街小吃夜市　位于东华门大街北侧，全长386米，设小吃摊位120个，于1984年5月开业。夜市在每天下午4时30分至晚10时营业，经营各类小吃140多种。其中有炒肝、卤煮火烧、爆肚、豆汁、羊肉串、过桥米线、羊肉泡馍等。2016年6月，由于环境、卫生、治安等多方面问题，已有32年历史的东华门夜市被停业闭市。

涮肉一条街　在西城区阜成门内大街南太平桥。20世纪80年代，该街形成涮肉店林立的状况，鼎盛时期的涮肉店达近百家。由于邻近白塔寺，又被称为"白塔寺涮肉一条街"。每至黄昏时分，吃涮羊肉的食客就将大小涮肉店塞满，一直喧闹到凌晨一两点钟。火爆时，不少涮肉店24小时营业。在诸多的涮肉店内，"能仁居"和"口福居"最出名。

鼓楼小吃夜市　位于鼓楼和钟楼之间，占地1500平方米，设25家小吃店，于1988年6月开业。各摊铺经营南北小吃100多种，有爆肚、豆汁、焦圈、炒疙瘩、门钉肉饼、内蒙古烤肉、四川担担面、四季涮肉、水饺等，每天客流量达数千人次。2000年小吃市场被拆除。

酒肆

在老北京的胡同里，曾有许多小酒铺。

大酒缸　是旧时胡同里小酒铺的俗称。这种小酒铺，多为一间门面，有两三座位。铺内摆放着一两个大酒缸，上盖红漆盖子，内装被称为"白干儿"的烧酒。大酒缸有的放在柜台内，客人要酒，掀盖以木制的"提子"提酒。一小提酒为一两，倒入粗瓷碗里喝，称"一个酒"。有的大酒缸放在柜台外，以酒缸盖当作桌子。下酒菜多为"花生仁儿"（或称"花生豆儿"）。大酒缸酒铺的门口多挂葫芦加红布的幌子。来客多为三轮车夫、脚夫等下层劳动者。20世纪50年代，"大酒缸"逐步在北京消失，代之而起的胡同小酒铺，门前的招幌大多没有了，酒坛子取代了大酒缸。酒坛子的坛颈上拴一块红布，依旧使用木制的提子。小店备有一些小菜——煮花生仁儿、开花豆、烂糊蚕豆、铁蚕豆、腌鸡蛋、炸香椿鱼儿等。除了卖散酒，小店里兼卖糖果、香烟，年节时卖鞭炮。1956年实行公私合营后，这些小店逐渐在胡同里消失。

20世纪80年代实行改革开放后，胡同里又出现了各种杂货店和大大小小的饭馆，但这些杂货店和饭馆都不卖散酒。取代旧时小酒店的是装修精美、讲究情调的现代酒吧。一些酒吧集中的街巷胡同内，形成了"酒吧街"。

北京城内最为著名的酒吧街，为三里屯酒吧街和什刹海酒吧街。

三里屯酒吧街 在朝阳区三里屯。原为农村，1958年建住宅区，称北三里屯，曾名东丰里，1977年改称三里屯。该街北路全长260米，毗邻包括加拿大、澳大利亚、比利时、德国等在内的79个国家的使馆，与联合国开发计划署、人口基金署等7个驻华机构邻近。街两侧在20世纪90年代初曾建服装市场，后来逐渐成为酒吧街。比较有名的酒吧有:男孩女孩、逗号、兰桂坊、米兰、地平线等。资料显示,1996年以前,光顾三里屯的顾客中,外国人的比例占到95%以上。到2003年,随着中国顾客的频频光顾,外国客人所占比例已降至30%左右,但其绝对数量仍处于增长之中。至今外国客人依旧是三里屯稳定的消费群体。早期光顾三里屯酒吧的中国人中,来自"三资企业"的白领和文化艺术、演艺界的人士占大多数。外地游客则把三里屯当景点,在旅游旺季,顾客中外地游客甚至占到一半以上。

胡同旅游

体现并蕴涵着老北京的建筑特色及文化底蕴的胡同和四合院,对外省市旅游者、港澳同胞、台湾同胞和国外的游客具有巨大的吸引力。在此"商机"之下,"胡同游"成为北京的一个新产业。

较早开办"胡同游"企业的,是北京胡同文化发展公司。1994年10月,该公司在西城区什刹海地区推出了京味旅游项目——胡同游。数十辆三轮车,清一色红色车棚,蹬车的三轮工人,整齐划一地穿着黑裤子、黄马甲。载着中外游客的十几辆或二三十辆三轮车出动,成一路风景。三轮车穿行在什刹海周边的胡同里,游客在导游的引导下到四合院的居民家一起包饺子,唠家常,体验老北京的民俗与生活。胡同游的主要线路是:以前海西街南口为出发地，沿前海北侧的胡同到建于 1272 年的鼓楼。导游带领游客登鼓楼，俯看中轴线东西两城的胡同，讲解北京的历史、城市格局及胡同的形成，并参观四合院模型。离开鼓楼，游客乘三轮车穿过胡同，在银锭桥下车，在小胡同里漫步，走进普通居民住宅四合院参观，与居民聊天，了解人民的生活风俗习惯。而后，游客乘三轮车前往有"红楼大观园"之称的恭王府花园。恭王府花园是清代恭亲王的宅院，始建于乾隆四十四年（1779），占地 3 公顷，是北京现今保存最完整的清代王府。导游陪同游客穿过秀色迷人的王府花园萃锦园，参观为昔日贵族家庭开展社交活动而举办京剧堂会的大戏楼，对比贵族人家与普通百姓的生活方式和环境。游客可以在恭王府花园小憩，品茶，吃小吃。

现今，什刹海"胡同游"已有多家公司经营，旅游路线也发展为多条。胡同游行车线路为：①前海西街→前海北沿→后海南沿→柳荫街（支线从十三中前经过）→龙头井→千竿胡同→前海

什刹海胡同游

西街，形成环状线路。②南官房胡同西口→南官房胡同东口，由西向东。③北官房胡同东口→北官房胡同西口→后海南沿，由东向西。④银锭桥→前海东沿，银锭桥→后海北沿；走小石碑胡同→大石碑胡同→鸦儿胡同北口。⑤前海西街→毡子胡同→大翔凤胡同。

西城区的"胡同游"，从"宣南"的大安澜胡同开始，游人坐着深蓝色车棚的人力三轮车穿街走巷，可以游览肃穆恬静的法源寺，盘桓在古香古色的琉璃厂和热闹的大栅栏。

法源寺有七进六院，由山门、钟鼓楼、天王殿、大雄宝殿、悯忠台、净业堂、藏经楼等建筑组成。大雄宝殿为全寺主体建筑，殿内悬乾隆皇帝御笔"法海真源"大字的巨匾，殿中供奉着毗卢遮那佛、文殊菩萨、普贤菩萨的贴金罩身像，为明代所塑。法源寺的"闻名"，不仅仅在于它有1300余年历史，是北京城内现存最古老的寺院，还因为它与北宋的一段历史紧紧联系在一起。北宋"靖康之难"，徽宗和钦宗双双成为金兵的俘虏，北宋灭亡。徽、钦二帝被押至金中都，其中钦宗就囚禁在法源寺内。法源寺内，有"香雪海"之称的丁香久负盛名。从清代起延续至今，当丁香花开之时，京城的文人墨客都愿在这里吟诗作赋，以助"丁香盛会"。如今，这里也是中国佛学院和中国佛教图书馆的所在地。

久负盛名的琉璃厂文化街和大栅栏商业街内，有享誉中外的老字号。

在张自忠路东端路北，有段祺瑞执掌北洋政府时的官邸，其建筑兼有中西风格，主楼有精美的砖雕。鲁迅先生所写的名篇《记念刘和珍君》中提到的那次血腥屠杀,就发生在原铁狮子胡同段祺瑞执政府的门前。

东西街口各有一座过街牌坊、匾额上题"成贤街"三个字的胡同,是东西走向的国子监街。它东起雍和宫大街,西至安定门内大街,全长 680 米。国子监街是北京最古老的胡同之一,它在元代已成街巷,是元代太学的所在地。明代,这里属崇教坊,建有国子监和文庙。清代,这里是镶黄旗的管辖地,称国子监胡同,又称成贤街。1965 年,改名为国子监街。

国子监街东口路北,有元、明、清三代祭祀我国古代教育家和儒家创始人孔子的地方——孔庙。自汉武帝"独尊儒术",儒学就受到了中国历朝历代皇帝的推崇。唐代追封的"大成至圣文宣王",该是孔夫子最高的谥封了。孔庙始建于元大德七年(1303),为坐北朝南的三进院落,依次为先师门、大成门、大成殿、崇圣

国子监街

门和崇圣祠。先师门内的东西两侧，立有元、明、清三代进士的题名碑198方，其中清代的题名碑为118方，刻录51624名进士的姓名、籍贯和名次。大成殿前笔直的甬道两侧，立有11座记功碑亭。大殿内供奉着孔子及颜回、子思、曾参、孟轲和历代名儒的牌位，右侧为"七十二贤人"像。

孔庙的西侧，有建于元大德十年（1306），元、明、清三代的国家最高学府"太学"的所在地"国子监"。它是三进院落，主要建筑为集贤门、太学门、琉璃碑亭、辟雍、彝伦堂等。国子监大门东西侧有过街牌坊两座，匾额题"国子监"三字。国子监牌楼东西两侧路北均有石碑，上刻"文武官员到此下马"的满汉阴文。建在环以白石栏杆的圆形水池中央的辟雍，是一座覆黄琉璃瓦、重檐、攒尖鎏金宝顶的方形木结构建筑，其前檐匾额有乾隆所题的"辟雍"二字。据载，清代的乾隆、嘉庆、道光皇帝都曾临雍"讲学"。国子监与孔庙之间的夹道内，藏有十三经刻石189方，上刻63万余字。清代，国子监有监生近千人。其中不仅有藏、回、蒙古等族的学生，还有来自交趾、高丽、俄罗斯等国的"外国留学生"。

出成贤街东口，马路对面即是戏楼胡同。胡同内有柏林寺。寺名柏林，不乏古柏，现在寺中古树以千年银杏、700年白皮松和300年龙爪槐最为珍贵。

参考书目

熊梦祥：《析津志辑佚》，北京：北京古籍出版社，1981年版。

孙承泽：《天府广记》，北京：北京出版社，1962年版。

李诫撰：《营造法式》，上海：商务印书馆，1938年12月初版，1954年12月重印。

李家瑞：《北平风俗类征》，北京：北京出版社，2010年版。

段柄仁：《北京胡同志》，北京：北京出版社，2007年版。

段柄仁：《北京四合院志》，北京：北京出版社，2016年版。

王之鸿：《北京名人故居　东城卷》，北京：北京出版社，2010年版。

顾军：《北京的四合院与名人故居》，光明日报出版社，2004年版。

后　记

2007年4月，由北京市地方志编纂委员会编纂的《北京胡同志》出版。该书记述了当时北京18个区县3000多条胡同以及数百个名人故居的历史及现状。图书出版后，受到社会的广泛关注与好评。2016年3月,《北京胡同志》再版。2016年2月，作为《北京胡同志》的姊妹篇《北京四合院志》出版，将北京胡同、四合院的研究更深入一层。

为了使更多的读者了解北京的胡同、四合院，品味它们蕴含的深厚文化，我们从《北京胡同志》《北京四合院志》中撷取精华，整理编辑了这本小书，以飨读者。

书中图片除来源于以上两本志书外，还从王之鸿先生的《北京名人故居　东城卷》中选取了数幅，在此一并表示衷心感谢。

2018年12月